高速铁路施工工序管理要点

第四册　CRTSⅡ型板式无砟轨道

上海铁路局　著

中国铁道出版社

2010年·北京

图书在版编目(CIP)数据

高速铁路施工工序管理要点．第四册，CRTSⅡ型板式无砟轨道施工/上海铁路局著．一北京：中国铁道出版社，2010．9

ISBN 978-7-113-11982-9

Ⅰ．①高… Ⅱ．①上… Ⅲ．①高速铁路一铁路工程一工程施工 ②高速铁路一板式轨道一工程施工 Ⅳ．①U238 ②U213．2

中国版本图书馆 CIP 数据核字(2010)第 185840 号

书　　名： 高速铁路施工工序管理要点
第四册　CRTSⅡ型板式无砟轨道

作　　者： 上海铁路局

责任编辑： 许士杰　　**电子信箱：** syxu99@163．com

封面设计： 崔丽芳

责任校对： 孙　玫

责任印制： 李　佳

出版发行： 中国铁道出版社（100054，北京市宣武区右安门西街 8 号）

网　　址： http://www．tdpress．com

印　　刷： 北京米开朗优威印刷有限责任公司

版　　次： 2010 年 9 月第 1 版　2010 年 9 月第 1 次印刷

开　　本： 880 mm×1 230 mm　1/32　印张：3．625　字数：99 千

书　　号： ISBN 978-7-113-11982-9

定　　价： 23．00 元

本书编审委员会

前　言

工序是产品制造的基本单位，是一个投入产出的过程。产品是按照既定的工艺顺序要求，经过一系列的工序加工而形成的，工程项目的施工过程，亦是由一系列相互关联、相互制约的工序组成的，各施工工序质量是形成工程建设整体质量的基础。

本书所说的工序质量有两方面的内容：一是工序活动条件的质量，即每道工序投入的人力、机械、材料和方法的质量是否符合施工条件要求；二是工序活动效果的质量，即每道工序施工完成的工程产品是否达到工程建设质量标准要求。工序质量的控制，也就是对工序活动条件的质量和工序活动效果的质量控制。

从理念上讲，每个工程项目都是一个系统工程，涉及到人、机、料、法、环各种因素，其中"人"是核心，人是掌握施工机具的技术参数和特性，熟悉国家的法律法规、技术标准和规范指南，了解施工过程中的环境对工序的影响最关键的控制因素。实际上，社会的发展就是通过"人"利用科学、技术思维和观点创造世界、改造世界。

从管理上讲，任何一个产品都是由"发生（是什么）、过程（为什么）、结果（怎么样）"组成的。"没有规矩不成方圆"，在产品形成的时候，势必有一个控制的环节，从而形成管理过程。开环型的管理是粗放式的，缺乏有效的检查和验收，直接交接给下道工序，一旦有什么问题，无从检起、无法改进。闭环型的管理是集约式的，按国家质量终身制的原则，有数据可查，有问题可以追溯，真正反映产品的全过程，充分体现了科学、严密、追溯、终身封闭型的模式。

根据《建设工程质量管理条例》第三十条的理解：工序管理，不仅仅是对单一的工序加强管理，而是要对整个过程（工序）网络进行全面管理。工序质量直接影响工程项目的整体质量，是创建精品的必要保证。只有过程中的所有工序都受到严格的控制，整个工程的安全、质量才能得以保证。

上海铁路局经过近几年大规模、高标准铁路建设管理工作的初步摸索，全局广大建设管理人员充分认识到工序管理深刻涵义，从对工序活动效果的检查转向强化对工序质量控制点、关键点的检查，对工序活动条件的检查，不断深化对工序管理的理解和认知。编制本书的目的亦是希望通过对工序管理的介绍、细化作业程序、梳理关键工序、对易发问题和解决问题方式进行明确，从而使各参建单位的管理人员从根本上明晰工序质量管理的核心所在，更好地发挥各级管理者的工作主动性和积极性，认真进行工序签认，完善对工程实体质量的管理。

千里之行，始于足下。在当前铁路建设过程中，上海铁路局的广大建设者将以“更加扎实、更加认真、更加细致”的工作态度，努力加强对现场施工工序的质量管理，勇于探索，持续改进。由于编写匆忙，难免有不妥或错误之处，请有识之士多提宝贵意见，并发至路局建设处邮箱：stjsc1007@163.com，我们将对您提出的意见认真进行研读，并及时进行修正。

本册要点在编写过程中，得到了中建股份姚宏生、北京铁城监理公司陈如意等同志的大力支持和帮助，在此表示感谢！

编　者

2010年9月

目　　录

第一篇　CRTS-Ⅱ型板式无砟轨道施工

第二篇　CRTSⅡ型板式无砟轨道精调

第一篇　CRTS-Ⅱ型板式无砟轨道施工

1 概　　述

CRTSⅡ型板式无砟轨道系统是在德国博格板式无砟轨道技术的基础上，通过引进消化吸收再创新形成的一种预制板式轨道系统，由钢轨、弹性扣件、预制轨道板、水泥乳化沥青砂浆调整层及混凝土底座板（桥上）或水硬性支承层（路基上）等部分组成。

轨道板端部布置螺纹钢筋，通过张拉扣件纵向连接，形成一个贯通的、长度无限的连续轨道结构。

桥上CRTSⅡ无砟轨道结构一般由聚脲防水层、高强挤塑板（梁端）、两布一膜滑动层、混凝土底座板、水泥乳化沥青砂浆调整层和轨道板等部分组成。自上而下分为：20 cm厚钢筋混凝土轨道板，3 cm沥青砂浆垫层，19 cm厚（直线段）混凝土底座板，“土工布＋塑料膜＋土工布”滑动层（简称两布一膜）以及2 mm厚聚脲防水层。梁端处1.5 m范围内为消除由于梁端转角引起的底座板内力，加装5 cm厚高强挤塑板。

CRTSⅡ型轨道板标准长度为6.45 m，板缝为5 cm，板间用张拉锁纵向连接。轨道板铺设于桥面上，经精调和灌浆后进行纵向张拉连接成为整体。为适应底座板连续结构，在桥梁两端路基上设置摩擦板及端刺（施工期间在桥上设临时端刺），以限制底座板中的应力及温度变形，两端刺间底座板纵向跨梁缝连续，在桥梁固定支座上方通过梁体设置的预埋螺纹钢筋和抗剪齿槽与梁体固结，形成底座板纵向传力结构。底座板两侧设置侧向挡块，以限制底座板横、竖向位移和翘曲。水泥乳化沥青砂浆是填充于底座板（支承层）与轨道板之间的结构层，主要起充填、支撑、承力和传力作用，并可提供一定的弹韧性，是轨道结构中的重要结构层，水泥乳化沥青砂浆充填层标准厚度为3 cm。底座板与梁面之间铺设两布一膜滑动层（剪力齿槽部分除外），形成底座板与梁面可相对滑动的状态。

路基上CRTSⅡ型板式无砟轨道板的支承层，采用C15素混凝土垫层或干硬性材料压筑成型(称之为水硬性支承层,HGT),支承层顶面宽度 2 950 mm,底面宽度 3 250 mm,厚 300 mm。支承层施工与桥上底座板施工基本相同,主要区别有以下几点:

1 支承层无“两布一膜”滑动层和高强挤塑板以及钢筋。

2 支承层直接浇筑在路基基床表层上。

3 路基上支承层施工无需设置临时端刺区、后浇带等施工结构和工序。

4 混凝土支承层连续铺筑,并不大于 5 m 设一深度约 105 mm 的横向伸缩缝。切缝应在支承层铺设后 12 小时内完成。横向伸缩缝不得与板缝重叠。支承层顶面应平整,其表面平整度应达到 7 mm/4 m,顶面高程±5 mm,其他外形尺寸指标应满足《高速铁路 CRTSⅡ型板式无砟轨道施工质量验收暂行标准》(铁建设〔2009〕218 号)的相关要求。

本册要点主要针对桥梁 CRTSⅡ型板式无砟轨道施工进行了阐述。

2 施工流程图

无砟轨道施工流程见图 2—1。

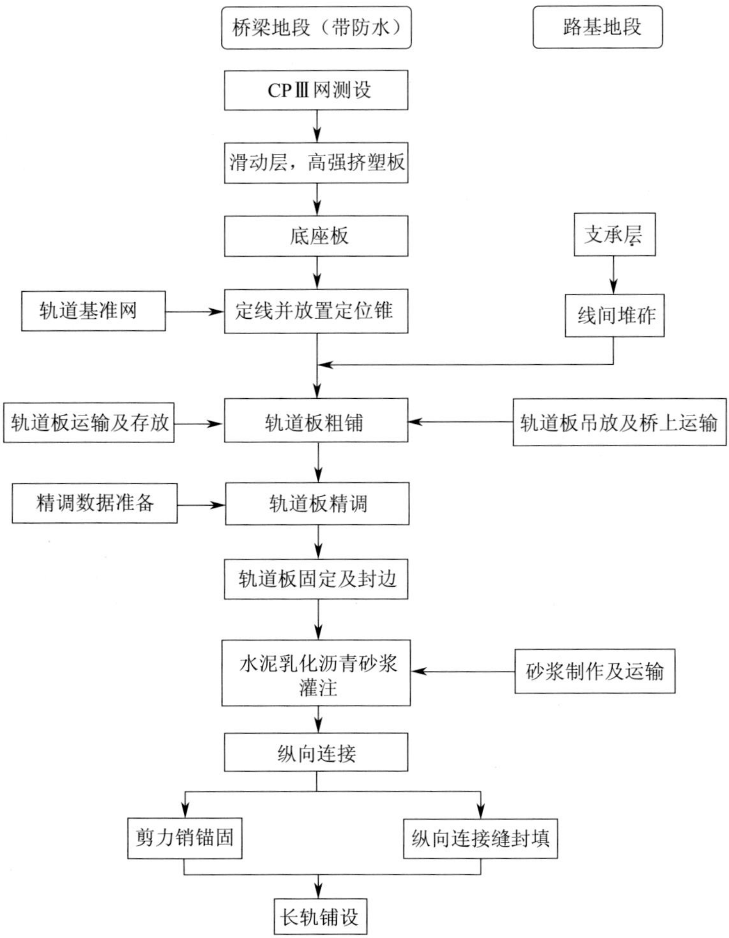

图 2—1 无砟轨道施工流程图

3 工序管理

无砟轨道施工主要包含桥梁梁面打磨、抛丸；底座板施工；轨道板粗铺；轨道板精调；水泥乳化沥青砂浆灌注；轨道板纵向连接等关键步骤。

3.1 梁面打磨、抛丸

梁面平整度和粗糙度对满足无砟轨道受力要求，以及实现CRTSⅡ型板的设计理念至关重要。如梁面高程、平整度、相邻梁端高差不满足要求，以及预埋件位置存在严重偏差，底座板厚度的均匀性就不能保证，将会影响梁、板在温度应力作用下的自由滑动，降低防水层与梁面的粘结力。因桥梁施工工艺相对复杂，在收面及拆模过程中，会出现预埋件位置缺棱掉角、梁面平整度不达标等情况，因此，桥梁梁面的打磨和抛丸处理就显得尤为重要。此步骤主要有两道关键工序：打磨与抛丸。

3.1.1 梁面打磨

3.1.1.1 易发问题

1 打磨后平整度不符合要求就进入下道工序。

2 梁面修补不符合要求。

3 相邻梁端高差、梁面粗糙度等不符合要求。如图3.1.1—1所示。

图3.1.1—1 梁面不平整

3.1.1.2 管理要点

1 梁面平整度

梁面平整度使用 4 m 靠尺加塞尺测量(每次重叠 1 m),满足 3 mm/4 m要求。对不能满足 3 mm/4 m 要求,但能满足 8 mm/4 m 要求的,须再用 1 m 尺复测检查,应满足 2 mm/1 m 要求。梁端 1.5 m 凹槽范围的平整度应满足 2 mm/1 m 要求。

2 梁面高程

梁端 1.5 m 以外部分的梁面高程允许误差为±7 mm,梁端 1.5 m 范围内不允许出现正误差。桥面高程应由底座板施工单位与架梁单位使用 CPⅢ共同复核检查。对不能满足要求的,应进行打磨和采用聚合物砂浆填充处理。

3 相邻梁端高差

在梁端处理合格的基础上,采用 0.5 m 水平尺进行检查(在底座板施工范围内对观感较差处进行量测),相邻梁端高差应不大于 10 mm。对大于 10 mm 处所应进行专门处理,可对较高一侧梁端采取落梁措施或对较低一端用特殊砂浆修补。

4 桥面排水坡

桥面排水坡构成应符合设计要求。对排水坡存在误差的桥面,应保证设计的汇水、排水能力,不允许存在反向排水坡,特别是两线间部位。对可能造成排水系统紊乱的桥面,应进行打磨整修处理。

5 桥面预埋件

剪力齿槽、侧向挡块等预埋件平面位置、高程应准确,质量应良好。对不能满足无砟轨道施工要求的,应视具体情况采取处理措施。

3.1.2 梁面抛丸

3.1.2.1 易发问题

1 抛丸深度过浅或过深。

2 抛丸没有全覆盖,不均匀。

3.1.2.2 管理要点

1 抛丸处理。经抛丸后,桥面应平整、清洁、干燥,不得有空鼓、松动、蜂窝麻面、浮渣、浮土等现象,表面强度应达到规定要求,抛丸粗糙度应控制在 SP3～SP4 之间。如图 3.1.2—1 和图 3.1.2—2 所示。

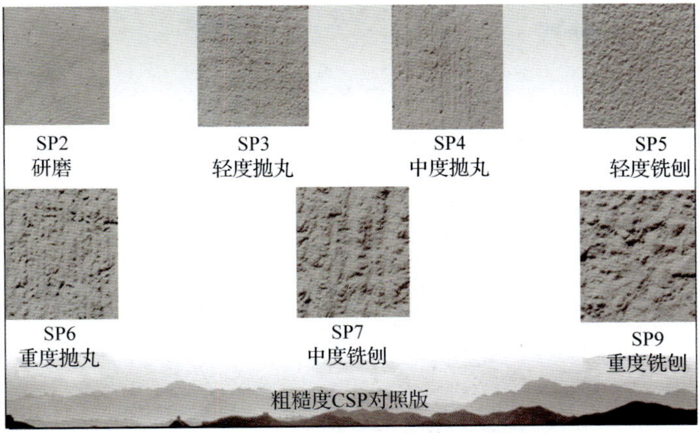

图 3.1.2—1 抛丸粗糙度

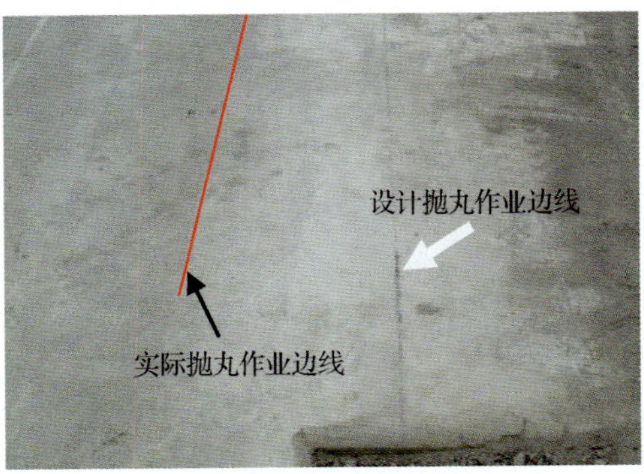

图 3.1.2—2 抛丸作业范围不符合要求

3.2 底座板

混凝土底座板浇筑在“两布一膜”滑动层上，是轨道板的支承基础，通过混凝土底座板厚度调整来实现轨道超高。底座板通桥连续，是一条钢筋混凝土板带。由于长桥上底座板施工时混凝土产生的应力对梁的影响，其单元划分以及张拉顺序特别重要。此步骤工序有：聚脲防水层施工、两布一膜滑动层施工、钢筋绑扎、立模、混凝土浇筑、拉毛、底座板张拉、后浇带浇筑。其中关键工序为：聚脲防水层施工、两布一膜滑动层施工、混凝土浇筑、底座板张拉。

3.2.1　关键工序

3.2.1.1　聚脲防水层施工

1　易发问题

(1)以半聚脲冒充全聚脲。

(2)底涂不合格。如图 3.2.1—1 所示。

图 3.2.1—1　底涂不均匀

(3)防水层破损。如图 3.2.1—2 所示。

图 3.2.1—2　防水层破损

(4)与梁面粘结强度达不到要求。

(5)防水层厚度不符合暂行技术条件中大于 2.0 mm 的要求。

(6)外观不符合技术条件要求,存在针眼、气泡、异物、破损、分层、剥离、黄变等现象。如图 3.1.2—3 所示。

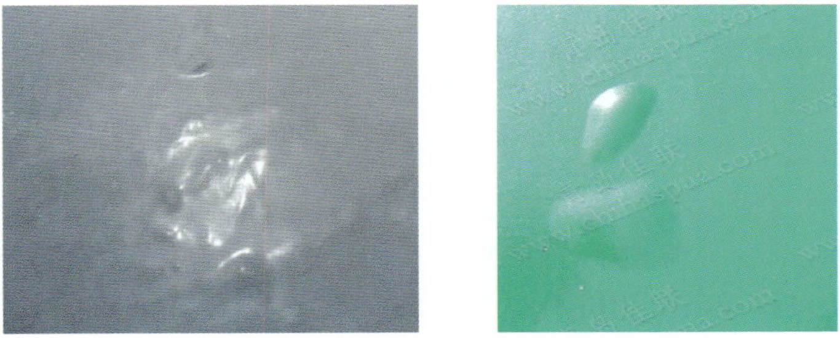

图 3.2.1—3　防水层针眼、空鼓

2　管理要点

(1)底涂施工。基面的处理,将直接影响施工质量。聚脲的固化速度极快,通常在尚未充分浸润混凝土表面时就已固化,影响涂层与混凝土的粘结力,聚脲固化时的发热量很大,混凝土表面毛细孔里含有的空气或水分受热后将会膨胀或蒸发,造成涂层表面出现针眼和气泡。因此,聚脲防水层喷涂施工前混凝土基面须涂布底涂,以增加粘结力和封闭混凝土表面毛细孔洞。如图 3.2.1—4 所示。

图 3.2.1—4　底涂施工

(2)培训工作。聚脲防水施工大多是在现场施作的,一般情况下,现场施工环境较为复杂,同时聚脲体涂料反应速度比较快,施工要求相对于普通喷涂难度更大。防水层的质量不仅与原料、配方、设备等因素有关,而且施工人员的技能和操作熟练程度更为关键。因此,所有施工人员在上岗之前应经过严格的专业培训,系统学习聚脲防水层基础知识,掌握施工技巧。

(3)安全防护。由于喷涂施工时物料温度较高(一般在60℃右左),且存在飞溅现象,基层处理剂、面漆一般均含有可挥发的溶剂,喷涂作业时,物料会被雾化,如不做好安全防护措施,雾化物料很容易落在体表或被吸入呼吸道,从而引发严重的人身安全问题。因此,施工过程中应注意穿好防护服,戴好防护罩,做好各项安全防护措施,在任何时候,任何情况下喷枪口不能对着人。

(4)气候环境。严禁雨雪、大风天气的气候环境下作业。

3.2.1.2 "两布一膜"滑动层铺设

CRTSⅡ型板式无砟轨道采用梁、板间滑动的理念,通过滑动层隔离桥梁与轨道系统的相互作用,改善钢轨受力条件,降低断轨风险,取消钢轨伸缩调节器,最大限度地减少梁板间的相互作用力。

滑动层由土工膜、土工布、胶粘剂组成:土工膜采用高密度聚乙烯薄膜,宽度不小于3.05 m,厚度为1 mm;土工布采用聚丙烯针刺非织造土工布,宽度不小于3.05 m,下层厚3.0~3.5 mm,上层厚1.8~2.2 mm;胶粘剂可为单组份或双组份聚氨酯胶。滑动层综合性能要求滑动层整体性能试验前后,综合摩擦系数应不大于0.35。

1 易发问题

(1)一侧底座板下无土工膜。

(2)土工膜有褶皱、起鼓、不平整,底座板下土工膜起鼓。如图3.2.1—5所示。

(3)土工膜的搭接不符合要求。如图3.2.1—6所示。

(4)底座板侧封边砂浆顶起滑动膜并侵入土工膜内部。

2 管理要点

(1)滑动层铺设前应认真清洗桥梁顶面,梁面不得残留石子或砂粒等可能破坏滑动层的颗粒杂物。

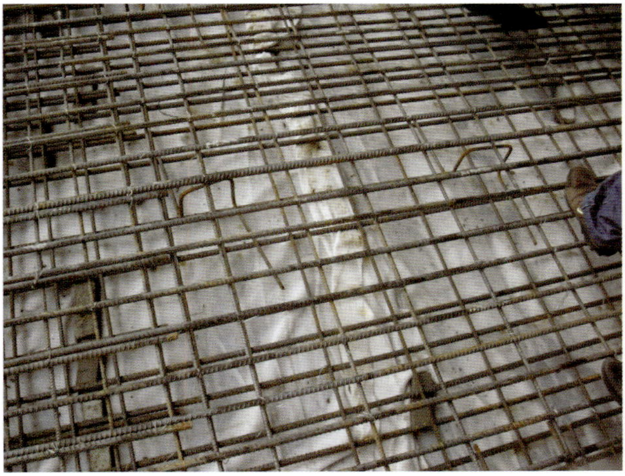

图 3.2.1—5 土工膜折痕、不平整

图 3.2.1—6 土工膜搭接不符合要求

(2)铺设方向应从桥梁固定支座端的连接锚固螺栓开始,到活动支座端止。

铺设第一层无纺布:采用胶合剂将其粘贴在桥梁防水层上。无纺布可以连续整块铺设,也可以设接缝,接缝宽度为 10 cm。

铺设聚乙烯薄膜:在第一层无纺布上铺设聚乙烯薄膜,薄膜不得起皱,接缝处熔接。

铺设第二层无纺布:第二层无纺布应连续整块铺设,不留接缝。

（3）铺设时，用水湿润无纺布以利于将无纺布吸附在聚乙烯薄膜上。二布一膜任何一层都不能出现破损，一旦出现破损应立即更换。

（4）铺设后的无纺布和聚乙烯薄膜，其上不得行车。安装钢筋笼时应选择大平面的混凝土保护层垫块，以免钢筋笼将无纺布刺穿。一旦出现破损，应立即更换无纺布或聚乙烯薄膜。

（5）底座板混凝土浇筑完毕后，应紧贴底座板混凝土，剪去无纺布和聚乙烯薄膜的外露部分。

（6）滑动层整体性能试验完成后，土工布和土工膜不应出现超过试件总面积5%的磨损。

3.2.1.3 混凝土浇筑

1 易发问题

（1）固定齿槽后浇带处的剪力钉板没有拧紧到位；预埋套筒清理深度不足。

（2）剪力钉板高程不准，或高或低或歪斜。如图3.2.1—7所示。

图3.2.1—7 剪力钉高程不准

（3）桥面齿槽位置偏差大，侵入底座板范围。

(4)底座板厚度不满足要求;缺棱掉角后随意修补。如图 3.2.1—8 所示。

图 3.2.1—8 底坐板厚度超标

(5)底座板钢筋笼未根据梁面高程调整钢筋笼上下保护层厚度;钢筋笼中部变形。如图 3.2.1—9 所示。

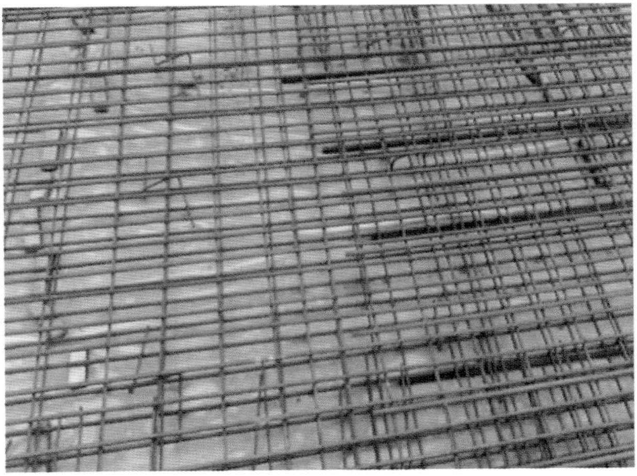

图 3.2.1—9 钢筋笼变形

(6)底座板浇筑时未对滑动层上的脏物进行清理。如图3.2.1—10所示。

图 3.2.1—10　滑动层脏污,碎屑未清理

(7)底座板立模时,随意在梁面上打孔固定模板。如图 3.2.1—11所示。

图 3.2.1—11　底座板浇筑时模板固定

(8)后浇带混凝土浇筑前处理不符合要求。如图 3.2.1—12 所示。

图 3.2.1—12　混凝土凿毛深度不足,模板封边材料未凿出

(9)底座板表面拉毛时机和深度掌握不准。如图 3.2.1—13 所示。

图 3.2.1—13　底座板表面拉毛不均匀

2 管理要点

(1)施工单元划分

无砟轨道施工前应根据施工管段的具体情况进行底座板划分设计,划分设计方案应依据总工期计划、桥面验收移交进展情况、施工管段划分及资源配置等因素确定,其主要内容应包括底座板施工单元段划分、临时端刺设置、常规区和后浇带位置确定,以及各灌注段先后施工顺序的确定。

(2)底座板划分原则

①施工单元应根据作业面布置情况事先统一规划,确定相邻作业面张拉顺序和分工责任。

②常规区一次浇筑完成的剪力齿槽与两侧钢板连接器距离之差应小于 15 m。

③常规区两个相邻后浇带之间距离应不大于 160 m,即 32 m 简支梁上底座板的分段长度设置最长为 5 跨,长度不够 5 跨可设置为 3 跨或者 1 跨,两个钢板连接器中部的剪力齿槽一次浇筑完成。

④临时端刺不能设置在连续梁上,且距连续梁至少两孔梁,连续梁前后两孔梁均应设置钢板连接器后浇带,剪力齿槽应一次浇筑完成。

⑤左右线临时端刺布置须错开两孔梁。

⑥连续梁上钢板连接器与已浇筑剪力齿槽间距应不大于 80 m。

⑦连续梁上两钢板连接器之间与梁未剪切连接(自由浇筑段)的长度应不大于 80 m。

⑧钢板连接器距硬泡沫板间距应不小于 5 m。

施工单元划分完成后,应在桥梁上显著位置标识各后浇带位置、名称、类型,以便后期张拉时识别。

(3)常规区与临时端刺布设

常规区为一与桥面有剪切连接的底座板结构单元,常规区一般最短为 3 个浇筑段,长度约 480 m。常规区一般分为多个施工段,每个施工段的最大长度不超过 164 m,即 5 孔简支梁长度,通常按照 5 跨、3 跨、1 跨来划分,施工段之间通过钢板连接器连接(一般设置于跨中),浇筑时须预留 50 cm 宽后浇带(BL1),每个施工段中部剪力齿槽部分与桥面应一次浇筑成型，其余剪力齿槽只进行钢筋连接，浇筑时应预留678 mm宽后浇带，称之为剪力齿槽后浇带（BL2）。

临时端刺应不小于780 m，为一与桥面临时无剪切连接的底座板结构单元，对称分布于常规区前后两侧，临时端刺分五段，从靠近常规区一侧起依次为～220 m，～220 m，～100 m，～130 m，～130 m，各段之间逢跨中应采用钢板连接器连接，在临时端刺中依次命名为K0，J1，J2，J3，J4，K1。临时端刺区剪力齿槽处均预留后浇带（BL2）。

（4）后浇带设置原则

①常规区混凝土浇筑段长度应不大于164 m，即5孔32 m简支梁长度。为避免混凝土浇筑时强制力传入桥墩，应在两处混凝土浇筑段之间设置钢板连接器后浇带（BL1后浇带），其在底座板混凝土浇筑段浇筑时留出。BL1后浇带距离梁端长度应不小于5 m。

②位于混凝土浇筑段中心的一个剪力齿槽后浇带（BL2）应与底座混凝土同时浇筑，其余简支梁的剪力齿槽后浇带纵连前应预留，不浇筑。与底座混凝土一起浇筑的BL2后浇带应尽量处于本浇筑段的中心位置，且该后浇带左右浇筑段长度差应不大于15 m。

③如剪力齿槽超过两排时（如连续梁及其两端各两孔简支梁上），齿槽后浇带应与底座混凝土一次浇筑，并设立BL1后浇带。为保证连续梁及相邻两孔简支梁上BL1尽量与先浇筑的BL2对称，可通过设置自由混凝土浇筑段来满足要求，自由混凝土浇筑段长度应不大于80 m。

④距路基上常规端刺最近的BL1后浇带与常规端刺的距离应不超过80 m。仅当摩擦板长度在70 m到100 m之间时，钢板后浇带到常规端刺的距离方可适当加大，以保证后浇带位于桥上。另外，常规端刺到先浇筑的剪力齿槽之间的距离应不大于160 m。

⑤对于大跨度系杆拱而言，其处理方式应同连续梁一致，即系杆拱及相邻的两孔简支梁上，剪力齿槽应与底座混凝土一起浇筑，并设立BL1后浇带。通过在系杆拱上设置一定数量的自由混凝土浇筑段以满足BL1后浇带关于先浇筑的BL2后浇带的对称要求。

⑥钢筋连接器后浇带与轨道板板缝的距离应不小于0.7 m。

（5）剪力钉板应拧紧到位，拧入深度为4.2 cm，扭力距为300 N·m，应控制好剪力钉板的标高和垂直度。

(6)底座板钢筋笼应根据梁面高程调整钢筋笼上下保护层厚度，当梁面标高影响到保护层时，设计应重新调整钢筋的布设，采取局部加强处理措施。

(7)应严格控制底座板拉毛质量，拉毛的时机应把握好，拉毛的深度为 1～2 mm 左右，底座板应采取横向拉毛的方式，支撑层应采取纵向拉毛的方式。

3.2.1.4 底座板张拉连接

1 易发问题

(1)未按照温度要求计算张拉量即进行张拉。

(2)张拉量计算完成到开始张拉间隔时间太长。测温和连接应在 24 小时之内完成。

(3)张拉顺序不符合方案要求，未统一协调好。

(4)张拉前，后浇带处滑动层不密贴。如图 3.2.1—14 所示。

图 3.2.1—14 底座板张拉前滑动层不密贴

2 管理要点

应根据当地气候条件，由设计单位计算出底座板混凝土零应力下的温度值，这个温度称为锁定温度。根据张拉时的环境温度与设计锁定温度的差值，可采取不同的张拉顺序及方法。根据单元划分情况，底座板张拉及浇筑可分两种工况，即“新建临时端刺＋常规区＋新建临时端刺”和“新建临时端刺＋常规区＋既有临时端刺”两种。

(1)新建临时端刺＋常规区＋新建临时端刺

底座钢筋连接应在板温35℃(T_s＝25℃为底座板锁定温度)以下的条件进行，张拉连接时应按照规定顺序操作，先部分连接，再完成全部连接。用手拧紧与用扳手拧紧之间区别很大，施工时应严格掌握连接要求。

①临时端刺中BL1后浇带的预连接：应从临时端刺自由端开始，按J4→J3→J2→J1的顺序，用手拧紧钢筋连接器螺母，K0和常规区后浇带应保持松开状态(临时端刺开始能够承载时进行)，连接完成后临时端刺便具备了初步的承载能力。

②首批连接施工。应先连接与临时端刺接壤(K0处)的前2个常规区后浇带钢筋，后依次连接K0、J1、J2、J3后浇带钢筋(J4后浇带钢筋于相邻单元段底座连接时张拉，同时J2、J3需进行张拉调整)。连接分3种情况进行。

a.当板温为$T<T_s$℃时，应通过计算确定连接钢筋的张拉距离。(J3范围内钢筋张拉距离按J2的1/3计，其余直接按计算结果采用)。此时的拧紧操作应是先用手拧紧，在此基础上，钢筋连接器中的非拧紧端螺母松开预留张拉距离(按计算结果)，再用扳手拧紧(张拉)。另外，当温差较大时，钢筋连接器后浇带不能通过一次纵连张拉缩短到计算值。必须每隔24小时重复张拉一次，直到达到最终的宽度。每次张拉都应对每个钢筋连接器后浇带的张拉量和总的张拉量以及实际需要达到的张拉量进行记录。根据不同的张拉范围，需要纵连张拉的最少次数和时间间隔见表3.2.1—1。

表 3.2.1—1

纵连过程中底座板的温度范围	最少的纵连张拉次数	间隔天数(天)
$+10℃\leqslant T\leqslant+15℃$	3	2
$+15℃\leqslant T\leqslant+20℃$	2	1
$+20℃\leqslant T\leqslant+25℃$	1	
$25℃\leqslant T\leqslant35℃$	不张拉，宽度无变化	

b. 当板温为 25℃≤T≤35℃时，钢筋连接器螺母用手拧紧即可，即张拉距离为 0。

c. 当板温为 T>35℃时，不允许拧紧螺母，且底座应采取降温措施。待板温降到 35℃以下时再连接。

③补充连接施工。连接常规区其余后浇带连接筋，此工序可在 K0 张拉完后与 J1、J2 的张拉同时进行。

④后浇带混凝土施工

a. BL1 后浇带混凝土施工。后浇带钢筋连接完成后应立即浇筑后浇带混凝土，浇筑范围应包括常规区所有后浇带及两临时端刺中的 K0、J1 后浇带。此工序与后浇带连接应接续施工，不得出现间隔施工。J2、J3、J4 后浇带于相邻单元段底座连接后再施工。

b. BL2 后浇带混凝上施工。

临时端刺区 BL2 后浇带分为早期固定连接和后期固定连接，早期固定连接在单元段底座钢筋连接完成 3～5 天后（底座内的应力调整期）进行，位置在 LP2 范围内与 LP3 相邻的两个固定连接后浇带（左右线要错开两个梁段位置），两临时端刺后浇带对称施工。后期 BL2 后浇带混凝土在相邻单元段底座连接后再施工。

底座板纵连后，常规区 BL2 后浇带通常也应尽快浇筑。但当在底座板温度小于锁定温度的情况下进行纵连时，应待混凝土浇筑段内应力均衡后方能浇筑。其等待时间见表 3.2.1—2。

表 3.2.1—2

纵连时底座板温度 T 所处的空间	纵连后，在后浇带浇注前需等待的时间（天）
+10℃≤T≤+15℃	5
+15℃≤T≤+20℃	3
+20℃≤T≤+25℃	1
25℃≤T≤35℃	不需要等待

（2）既有临时端刺＋常规区＋新建临时端刺

该工况中常规区与新设临时端刺区的连接与“新建临时端刺＋常规区＋新建临时端刺”模式中相关要求相同。但是既有临时端刺与常规区的连接有其独特的要求，两类临时端刺与常规区的连接要对应施工，同步完成。其施工工艺如下：

底座连接钢筋的连接与张拉应分两个区域进行，即既有临时端刺和常规区连接区域与新建临时端刺和常规区连接区域。两类临时端刺与常规区的连接施工应对应施工，同步完成。连接张拉应在底座板温度尽可能接近锁定温度下进行。

①连接钢筋张拉预连接施工

新建临时端刺和常规区连接施工：顺序完成 J4、J3、J2、J1 的钢筋预连接，其连接器螺母用手拧紧。

②首批连接施工

既有临时端刺和常规区连接施工：连接范围为邻靠 K1 的 2 个(至少)常规区 BL1 后浇带。张拉连接方式及张拉距离应根据底座温度确定，即按 $T<25℃$、$25℃\leqslant T\leqslant 35℃$、$T>35℃$ 三种情况区分。各类情况下的连接工艺类同“新设临时端刺＋常规区＋新设临时端刺”相关要求。

新建临时端刺和常规区连接施工：连接与新建临时端刺接壤(K0 处)的前 2 个常规区后浇带钢筋。张拉连接原则及方式同“新设临时端刺＋常规区＋新设临时端刺”相关部分。

③补充连接施工

既有临时端刺和常规区连接施工：张拉连接范围为 K1 及常规区所有剩余 BL1 后浇带。具体工序要求同“首批连接施工”。

新建临时端刺和常规区连接施工：顺序完成 K0、J1、J2、J3 的钢筋连接。其后配合既有临时端刺与常规区的连接施工，一同完成剩余常规区后浇带的钢筋连接。张拉连接原则及方式同“新设临时端刺＋常规区＋新设临时端刺”相关部分。

④既有临时端刺 J4、J3、J2 的调整张拉

按计算确定的调整张拉值以 J4→J3→J2 顺序进行张拉连接。张拉施工应在连接器螺母原有紧固基础上单端调整螺母(即不破坏板内已产生的应力状态，以防造成临时端刺失效并破坏下部结构)并张拉，不可解开重张。(该工序仅适用于既有临时端刺和常规区的连接施工)

⑤后浇带混凝土施工

a. BL1 后浇带混凝土施工

“既有临时端刺＋常规区＋新设临时端刺”模式完成钢筋连接施工后，立即进行既有临时端刺中的 J2、J3、J4、常规区所有 BL1 后浇带(包括 K1)、以及新建临时端刺中的 K0、J1 后浇带混凝土灌注施工。连接与混凝土灌注工序不出现间隔时间。新设临时端刺中的 J2、J3、J4 待与后续施工单元段连接(包括调整张拉)施工后再灌注混凝土。

b. BL2 后浇带混凝土施工

新设临时端刺中部的两个固定连接后浇带(BL2)施工类同“新设临时端刺＋常规区＋新设临时端刺”有关要求；既有临时端刺中的剩余固定连接后浇带(BL2)混凝土应于钢筋连接完成 10 天后进行。

底座板纵连后，常规区 BL2 后浇带通常也应该尽可能快的进行浇筑。但是当纵连是在底座板温度小于锁定温度的情况下进行时，必须待混凝土浇筑段内应力均衡后才能浇筑。其等待时间见表 3.2.1—3。

表 3.2.1—3

纵连时底座板温度 T 所处的空间	纵连后，在后浇带浇注前需等待的时间(天)
$+10℃\leqslant T\leqslant +15℃$	5
$+15℃\leqslant T\leqslant +20℃$	3
$+20℃\leqslant T\leqslant +25℃$	1
$25℃\leqslant T\leqslant 35℃$	不需要等待

(3)底座板张拉\连接的前提

①基本张拉\连接段落中的所有混凝土浇筑段完成结束后。

②轨道基准点放样结束(注意此时不进行测量)。

③张拉\连接前临时端刺区域内浇筑段落要进行长度和温度的测量并纪录备用；采用大地测量法测量临时端刺混凝土的长度，利用全站仪测量在后浇带旁的轨道基准点可以快速测量长度。

④临时端刺区域内要安装临时侧向挡块。

⑤末次混凝土硬化 2 天后，并且其强度不小于 20 MPa。

⑥清洁精轧螺纹钢筋，锚固螺母涂上油脂；清洁后浇带浮渣，准备

足够的张拉工具(包括长套筒扳手,开口扳手)。

(4)20℃～30℃的张拉顺序及方法:

①应从两边临时端刺自由端开始,向常规区中间,即按 J4＞J3＞J2＞J1＞K0＞紧接 K0 的至少 10 个 BL1 的顺序,先用手拧紧锁紧螺母,再用开口扳手对其加强,使锁紧螺母紧贴钢板。张拉连接器螺母如图 3.2.1—15 所示。

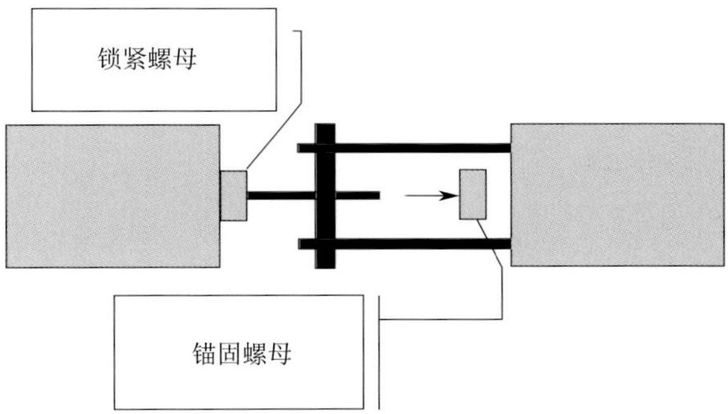

图 3.2.1—15　张拉连接器螺母示意图

②从常规区中间向两边临时端刺方向,用扳手拧紧与临时端刺交界处的至少 10 个后浇带连接器(K0 后边)。(此时“拧紧”采用扭矩套筒扳手紧固锚固螺母,扭矩为 450 N·m,目的是将锁紧螺母及锚固螺母与钢板可能存在的滑移消除,而不是将拉力传递到相邻混凝土中。下同)

③用扳手拧紧 K0。

④用扳手拧紧 J1、J2、J3,然后拧紧常规区其它剩余的后浇带连接器。

⑤浇筑常规区所有后浇带(BL1)以及 K0 和 J1 的混凝土。

⑥连接器拧紧 1 天后,浇筑其临时端刺中部紧靠 J2 的两个固定连接处后浇带(2 个 BL2)。

(5)0～20℃的张拉顺序及方法

①从两边临时端刺自由端开始,向常规区中间,即按 J4＞J3＞J2＞J1＞K0＞紧接 K0 的至少 10 个 BL1 的顺序,先用手拧紧锚固螺母,此

时锁紧螺母保持松开状态。

②从常规区中间向两边临时端刺方向，用扳手拧紧与临时端刺交界处的至少10个后浇带连接器(K0后边)。(此时“拧紧”采用扭矩套筒扳手紧固锚固螺母，按照计算所得的张拉长度进行张拉，将拉力传递到相邻混凝土中。下同)

③用扳手拧紧K0。

④用扳手拧紧J1、J2、J3(J3稍微拧紧，约为J2拧紧距离的1/3)，然后拧紧常规区其他剩余的后浇带连接器。

⑤用手拧紧常规区BL1，K0，J1，J2的锁紧螺母，并用开口扳手加强，使其紧贴钢板。

⑥浇筑常规区所有后浇带(BL1)以及K0和J1的混凝土。

⑦临时端刺连接器拧紧3～5天后，浇筑其临时端刺中部紧靠J2的两个固定连接处后浇带(2个BL2)。

(6)大于30℃不能进行底座板张拉

(7)张拉控制要点

①测温和连接必须在24小时之内完成。

②后浇带浇筑也必须在24小时之内完成，为了确保从测温连接到浇筑后浇带混凝土48小时之内完工，在单个后浇带连接器完成连接后，可紧接着对其浇筑混凝土。

③根据埋设的温差电偶测量底座板混凝土温度，然后利用张拉计算程序计算张拉距离。每个临时端刺的首次张拉计算数据电子版一定注意保存，待下一次与相邻常规区张拉结束后，统一打印保存记录。

3.2.1.5 底座板施工主要生产要素配置

1 主要生产人员

双班作业人员配置约210人，其中应包括现场技术人员、测量人员、钢筋工、模板工、混凝土工、现场生产负责人。

2 主要生产设备

每底座板施工作业面配置：汽车吊/悬臂吊，钢筋笼运输车，混凝土罐车，混凝土泵送车，底座板模板，插入式振捣器，混凝土整平摊铺振捣梁，大号抹子，毛刷(混凝土表面拉毛用)。

3.2.2 一般工序

桥梁底座板混凝土施工中，可把钢筋绑扎、立模、后浇带浇筑作为一般工序。

3.2.2.1 易发问题

1 钢筋绑扎不规范。

2 模板不固定。

3 混凝土保护层不足。

4 后浇带混凝土浇筑时，新老混凝土接触面处理不当。

5 后浇带混凝土打磨不符合要求。

3.2.2.2 管理要点

1 按照规范要求，严格控制钢筋绑扎质量。

2 按照要求，模板固定方式宜采用对接式。

3 加强对混凝土浇筑前的检查。

3.3 轨道板粗铺

底座板及后浇带混凝土强度大于 15 MPa，且混凝土浇筑时间大于 2 天，方可粗铺轨道板。轨道板粗铺顺序为先临时端刺，后常规区，按下列流程进行：

轨道板运输→安装定位锥和测设轨道基准点→测量标注轨道板板号→轨道板吊装→轨道板粗铺定位。

其关键工序为定位锥的安装及轨道基准点测设、轨道板粗铺。

3.3.1 关键工序

3.3.1.1 定位锥安装、轨道基准点测设

1 易发问题

定位圆锥点测设精度不高，达不到粗铺精度。

2 管理要点

安装定位锚杆和测设 GRP 点（在超高地带，应设于轨道板较低一侧），定位锚杆安装采用电锤钻孔，用鼓风器将孔内粉尘吹干净，利用树脂胶固定精轧螺纹钢。定位锚杆为直径 ϕ15 mm 的螺纹钢筋，螺距为 10 mm，长 550 mm。测设 GRP 点时，应对设标网进行段内联测检查，

防止误用被破坏或触动变位(防撞墙、遮板等施工造成的)的设标网点支架并形成测量错误。轨道基准点和定位锥锚杆如图 3.3.1—1 所示。

图 3.3.1—1　轨道基准点和定位锥锚杆

3.3.1.2　轨道板粗铺

1　易发问题

(1)粗铺时强行橇动轨道板。

(2)粗铺时支点位置设置不当。

2　管理要点

(1)轨道板粗铺前,测量确定各编号轨道板的位置,并在底座板上用墨线标示(不推荐完全依赖定位锥,以确保粗铺精度,提高后续精调速度),同时标注轨道板编号。

(2)轨道板粗铺定位。轨道板落放前,应有专人核对轨道板编号与底座板标示号的符合性,确保轨道板"对号入座",其后根据预先弹好的墨线确定轨道板平面粗放位置并完成粗放。其中各类(BL1 及 BL2)后浇带处轨道板,可先铺在设计位置上,待测量完成且有关施工机械通过后于底座板连接前再用吊架吊出,置于前(后)方轨道板上(叠放)并在精调前回铺。

(3)粗铺板的支点设置。每块板粗放板支点应为 6 个,支点材料为

2.8 cm 厚松木条，板块两侧前、中、后各 1 根，木条应紧靠精调爪铺放。轨道板粗放时，板前、后端支点(4 个)先设置到位，轨道板中间部位支点木条在粗放板后楔入，且支点应设于预裂缝下，以免造成轨道板开裂。由于后浇带施工等需要，部分轨道板可双层叠放，但应符合以下条件，一是底座板平整度满足 7 mm/4 m 误差要求。二是底层轨道板支点木块顶面基本在一平面上。三是底层轨道板两侧支点木块应置于一条线上，且设于预裂缝处。四是上层轨道板三点支撑木块设于预裂缝底层板的上方。

3.3.2 一般工序

3.3.2.1 轨道板存放

1 易发问题

(1)临时存放场地达不到规范要求。

(2)桥上临时存放时不按要求设置支承点。

如图 3.3.2—1 所示。

图 3.3.2—1 桥上临时存板时，存放条件与规定要求相差太远

2 管理要点

(1)按照规范要求,宜在桥下平整场地,并进行硬化处理,使基础满足存板条件,临时存板不宜超过6层。如图3.3.2—2所示。

图3.3.2—2 轨道板临时存放

(2)轨道板运输采用专用车辆运输,吊装及运输支点设置按相关规定执行。粗铺板前铺板单位应就轨道板的使用范围及运输(板厂至工地的)计划至少提前15天提交给轨道板生产厂,以便及时安排轨道板生产及提供运输条件(调整厂内存板位置)。

3.3.2.2 轨道板吊装

1 易发问题

(1)上桥前轨道板方向和吊装顺序混乱

(2)吊装时不采用专用设备进行吊装。

(3)吊装时损坏轨道板。如图3.3.2—3所示。

2 管理要点

(1)应根据具体情况确定轨道板吊装方案。便道条件不好时,可将轨道板运至桥下相对固定位置,吊车配合吊至桥面运板车上,桥上运板车再纵向运输并吊装到位;便道条件较好(沿桥有纵向贯通便道)时,可将轨道板直接运至施工地点(桥下处),采用桥上悬臂龙门吊吊装上桥,必要时,桥下吊车配合(便道不能直接靠近桥梁时)。如

图 3.3.2—4 所示。

图 3.3.2—3 吊装时损坏轨道板

图 3.3.2—4 轨道板吊装上桥

(2)轨道板上桥后应用专门龙门吊纵向移动到位。如图 3.3.2—5 所示。

图 3.3.2—5 轨道板纵移

3.3.3 生产要素配置

按一个铺板作业面设定主要机械设备及人员的配置。

1 轨道板吊装上桥设备:悬臂龙门吊/吊车直接吊装轨道板上桥,桥上设专用平板车纵移到位。便道条件较好时,也可采用悬臂龙门吊吊板上桥,直接移动就位,具体视工况条件确定。

2 主要小型工具及材料:2.8 cm厚松木条(轨道板支点材料),每板需6根(中间支点用木条应设有适当楔坡);小橇棍4根(粗放板时微调用),小铁锤2把(楔入垫块用)。

3 施工负责1人,技术人员1人(包括对轨道板的确认),粗放板施工6人(包括吊装及粗放),计8人。

3.4 轨道板精调

在完成底座板连接(包括后浇带混凝土)的单元段常规区及完成全部后浇带混凝土施工的临时端刺区,轨道板粗铺后,可进行轨道板精调施工。其关键工序:CPⅢ测设、GRP评估、精调。

3.4.1 CPⅢ、GRP、沉降评估

3.4.1.1 易发问题

1 CPⅢ、GRP评估没有通过评估就进行轨道板精调。

2 简支梁、路基沉降时间达不到评估要求,强行施工。

3 连续梁等特殊结构梁徐变时间达不到要求,强行施工。

3.4.1.2 管理要点

1 无砟轨道施工前,应对两个部分进行评估:对桥梁和路基地段的沉降评估及对简支梁、连续梁的梁体徐变变形评估;项目管理机构可聘请有资质的单位对 CPⅢ、GRP 成果进行评估,并出具评估报告。CPⅢ、GRP 评估未通过的,严禁轨道板精调施工。

2 对于时间上无法满足评估要求的,应采取保证措施,确保施工质量。可采用召开专家评审会的形式。

3.4.2 精调施工

3.4.2.1 易发问题

1 精调数据未统一平差,精调仪器存在系统误差。

2 轨道板扣压装置未采用膨胀螺栓固定,灌浆时,轨道板上浮、移位。如图 3.4.2—1 和图 3.4.2—2 所示。

3 加密基桩 GRP 点测量精度不高,达不到精调要求。

4 轨道板精调时,测量标准达不到要求。夏天阳光直射,对测量仪器精度造成影响。如图 3.4.2—3 所示。

5 轨道板精调后,成品保护意识不足,人员随意踩踏。

6 灌板后对轨道板进行复测不达标。

图 3.4.2—1 轨道板侧向扣压装置

图 3.4.2—2 轨道板中间压紧装置

图 3.4.2—3 未对全站仪进行有效防护

3.4.2.2 管理要点

1 精调网的复测。精调施工前,施工单位应对精调段精测网进行复测检核。

2 安装轨道板精调调节装置。精调调节装置使用前应对相关部位进行润滑,调节装置在待精调板(纵向)前、中、后部位两侧安装,计 6 个,其中,板前、后部 4 个精调装置应具平面及高程调节能力,中部 2 个具高程调节能力。前、后部精调装置应在安装前将横向轴杆居中,使之能前后伸缩大约有 10 mm 的余量,以避免调节能力不足问题。

3　建站、全站仪初始定向。安装测量全站仪，将测量标架布设待调轨道板上，开启无线电装置或连接通信电缆建立全站仪与电脑系统间联系，对全站仪进行初始定向和精调软件数据初始化。具体做法为打开精调工控机，在精调系统菜单中选定选项程序，调入理论坐标信息、轨道板文件数据，输入当时作业的轨道属性、轨道板号、时间、人员、天气等信息，读取传感器上的温度，按照程序询问逐项输入相关数据：如仪器高，全站仪站点，是否参考前块板等，依次根据实际情况输入，按确定键确认。在测量开始之前，应进行定向测量，为全站仪确定初始方向。如果参考前块板，那么之前精调好的坐标也用于全站仪的定向，并依据预调结果加权计算，如果不参照上块板，则只输入定向棱镜处的控制点号。数据输入完毕后，确认，进入下一步进行测量。定向测量校核：在输入的第一个控制点进行测量后，系统自动跟踪其余各参考点进行测量，由测量值计算出定向参数来，接着，程序输出定向误差，如果有超过了配置文件中所设定的限差，程序则会出现提示，则应检查输入数据或重新测量。第一个控制点需要人工对准。标架摆放位置如图 3.4.2—4 所示。

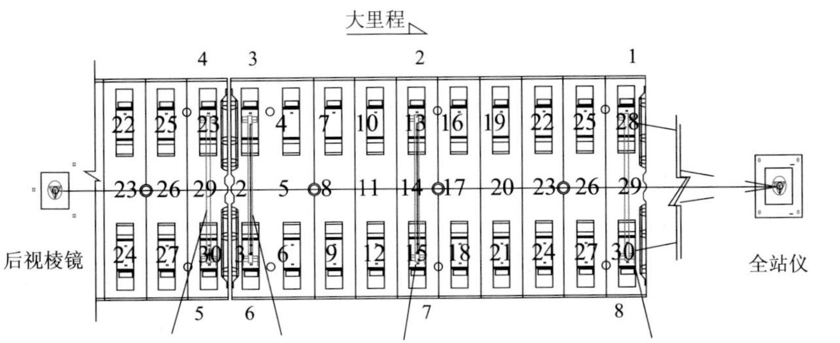

图 3.4.2—4　标架摆放图

4　测量、精调程序

测量标架校核（依据于标准标架）→全站仪安装（与待精调板间相隔 1～2 块板处安装，对中精度 0.5 mm）→测量标架布设（精调板上 3 个，前方已完成的精调板上 1 个，调节并保证标架支点与承轨槽内的单面相触)→开启无线电装置(建立全站仪与电脑系统间联系)→测量定向(基于已完成精调板上的标架,作为已知点)→测量定向的校核(基于 GRP 点)→对待精调板上前、后两标架进行测量并读取精调数据→轨道板初步精调(对板前、后两端进行平面及高程精调)→对待精调板中部标架进行测量→读取精调数据(主要为高程数据)→轨道板中部的补充精调→对待精调板上 3 个标架(6 个棱镜点)进行复核测量→读取精调数据→修正精调→相邻板间(待精调板与已完成精调板间)平面及高差测量→顺接性精调修正(直至相邻板间平面及高差小于 0.3 mm)。精调测量在布板计算的基础上进行,布板计算工作另行组织。精调完成后的轨道板应设专人看护,禁止人员踩踏和堆放杂物。测量、精调程序如图 3.4.2—5 所示。

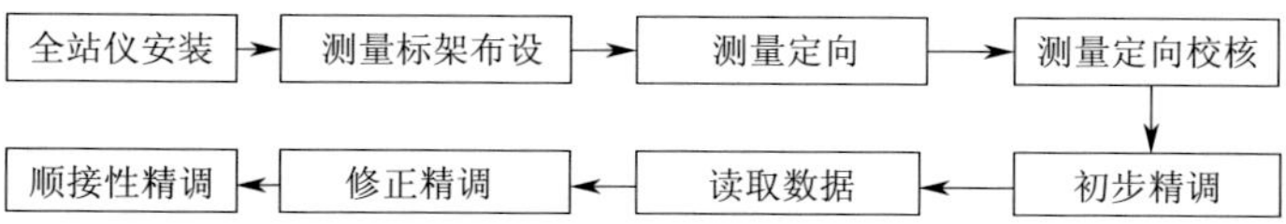

图 3.4.2—5　测量、精调程序

5　对刚开始灌板的前 20 块板,及时组织人员对灌板完成及扣压装置拆除后的轨道板分别进行复测,总结经验指导大面积施工。正式灌板后抽取 20%进行复测,控制轨道板的几何状态。

3.4.3　生产要素配置

轨道板精调施工按一个单线精调作业面设定主要生产要素配置。

1　主要仪器、设备

(1)全站仪:其配置要求为测角精度<1″,测距精度 1 mm+1 ppm,测距标准偏差<1 cm/20 m(500 ppm),并含精密水准配件。

(2)标架:测量用棱镜标架(含棱镜)4 套;定标用棱镜标架 1 个(应定期在生产厂采用标准承轨台进行标定)。

(3)精调工具。精调座、轨道板压紧装置。

2　主要人员配置

(1)精调测量。3 人,其中主测 1 人,助手 2 人。

(2)轨道板精调操作。每板约需 8 人。

(3)封边。约需5人。

3.5 水泥乳化沥青砂浆灌注

轨道板精调完成并压紧固定后进行轨道板封边施工,砂浆车到位后即可进行水泥乳化沥青砂浆灌注。本步骤关键工序有:封边扣压、灌浆。

3.5.1 关键工序

3.5.1.1 封边扣压

1 易发问题

(1)封边不符合要求,造成漏浆。封边宜采用封边带封边。如图3.5.1—1所示。

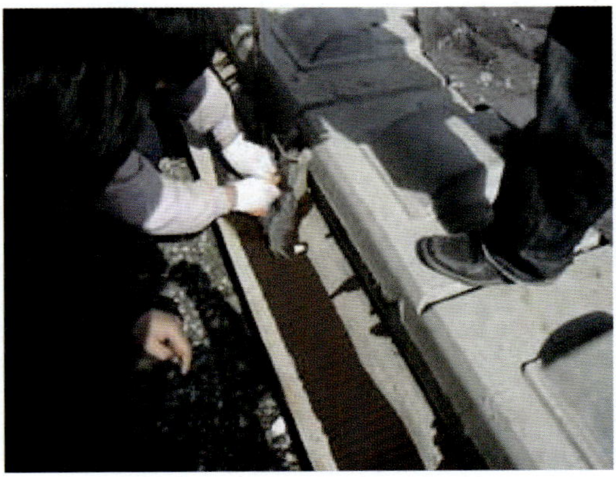

图3.5.1—1 封边失败,漏浆

(2)横向、竖向限位装置扣压不紧,易造成施工中轨道板移位。

2 管理要点

(1)轨道板封边

封边分纵向封边和横向封边,纵向封边通常有砂浆封边和封边带封边。封边带封边具有干净和重复利用的优势,效率比较高。

纵向砂浆封边是采用砂浆将底座板与轨道板侧面封堵的一种工艺,封边前首先要将底座板清扫干净,用水湿润,然后采用一块薄铁皮沿轨道板侧面将空隙封堵,然后将拌好的砂浆呈三角状将底座板及轨道板侧面封堵,采用铁皮封堵是为了避免砂浆侵入轨道板底部。如图

3.5.1—2 所示。

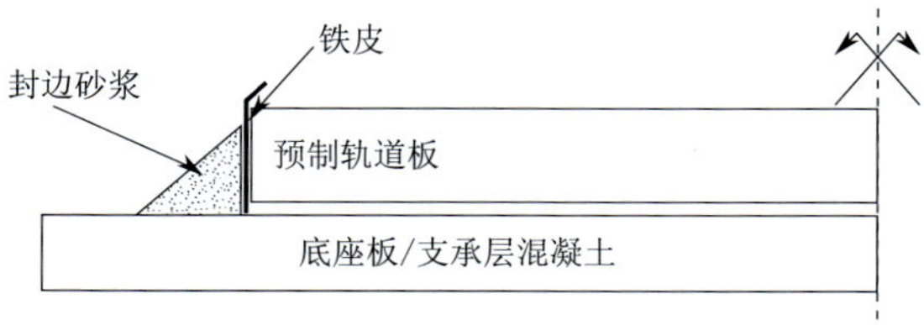

图 3.5.1—2　纵向封边示意图

横向封边采用特种砂浆将两轨道板的接缝进行填塞，砂浆的封填高度应超出轨道板底边至少 2 cm。

纵向封边要把精调爪位置留出，横向封边要把测量轨道基准点及定位锥位置保护预留。另外要在轨道板的四角及中部靠近精调爪的位置留直径为 2 cm 的排气孔，确保灌浆密实。

(2)轨道板压紧装置。精调完成后设置，为确保轨道板不上浮，直线段可布设 3～4 对，曲线段布设 4～5 对压紧装置。压紧装置由锚杆、L 型钢架及翼形螺母组成，锚杆锚固深度应为 100～150 mm，植筋胶(环氧树脂基)锚固，锚固完成的锚杆应确保处于垂直状态。压紧装置施工前，应进行锚杆抗拔试验。水泥乳化沥青砂浆灌注并硬化后压紧装置拆除。如图 3.5.1—3 和图 3.5.1—4 所示。

图 3.5.1—3　横向封边及中间压紧装置

图 3.5.1—4 轨道板纵向缝压紧装置

3.5.1.2 灌浆施工

1 易发问题

(1)操作人员不熟练,造成砂浆外流,污染轨道板。

(2)砂浆灌注不饱满,与轨道板间出现离缝,尤其在轨道曲线超高段。如图 3.5.1—5 和图 3.5.1—6 所示。

图 3.5.1—5 砂浆不饱满

图 3.5.1—6 砂浆与轨道板间出现离缝

(3)底座板顶面高程控制不严，水泥乳化沥青砂浆层厚度没有保证，不满足 2～4 cm 之间的要求。如图 3.5.1—7 所示。

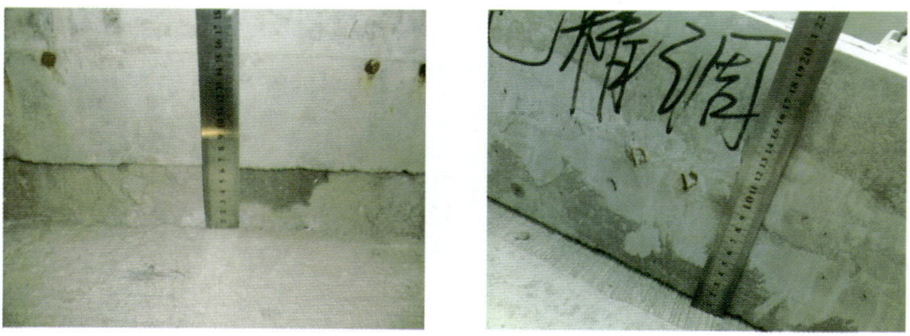

图 3.5.1—7 左图砂浆厚度大于 4 cm，右图小于 2 cm

(4)水泥乳化沥青砂浆层气泡多，且易分层、破碎，使轨道板吊空。如图 3.5.1—8 所示。

(5)工后沉降评估未满足设计要求，就铺设无砟轨道，造成砂浆离缝严重。如图 3.5.1—9 所示。

图 3.5.1—8 砂浆垫层破碎，使轨道板吊空

图 3.5.1—9 砂浆离缝

2 管理要点

水泥沥青砂浆灌注应坚持“随调随灌”的原则，其施工应紧随精调完成之后进行。

(1)砂浆灌注前应加强对操作人员的技能培训，持证上岗。

(2)轨道板砂浆垫层灌注作业

①灌注砂浆

灌浆过程中，应对侧面封边砂浆的排气孔进行观查，排气孔冒出砂浆后，用泡沫材料或腈纶棉塞住排气孔，同时观察灌浆孔内砂浆表面高度的变化情况，应确保砂浆面至少达到轨道板的底边且不回落时，灌浆过程方可结束。在曲线超高地段灌浆时，应加高灌浆护筒，使砂浆液面略高出高处底边，以保证砂浆饱满。砂浆中转仓运回地面经清洗后方可再次使用。

②封闭灌浆孔

封闭灌浆孔时，应将灌浆孔中多余的砂浆凿除掏出，使砂浆表面距轨道板顶面保持约 15 cm 距离，为保证封孔混凝土与垫层砂浆的良好连接，应在垫层砂浆轻度凝固时将一根 S 形钢筋从灌浆孔插入至垫层砂浆中。灌浆孔应采用轨道板同级别混凝土封闭，压实抹光，并用专用工具压出与预裂缝顺接的凹槽，及时洒水覆盖养护。养护完成后用砂轮机磨光，确保外观质量的美观。如图 3.5.1—10 所示。

图 3.5.1—10 连接用 S 形钢筋

(3)砂浆车搅拌机的清洗

砂浆车搅拌机由于加料等原因不能连续拌合施工时，应及时对搅拌仓进行清洗。清洗可利用加料等待时间进行。清洗时应注意清洗污水的处理排放。

3.5.2 一般工序

一般工序为水泥乳化沥青砂浆的制备。

3.5.2.1 易发问题

1 砂浆原材料贮存不符合要求。

2　配合比试验不符合要求。

3　现场未按规范要求进行砂浆指标抽检。

3.5.2.2　管理要点

1　施工前期的准备工作

(1)水泥乳化沥青砂浆配合比的试配

水泥乳化沥青砂浆配比应满足环境温度(5℃＜t＜35℃)条件下的施工需要。配比基本稳定后,应进行砂浆的搅拌与灌注的适应性试验,并在此基础上形成每辆砂浆车在各种条件下的砂浆配比微调数据。

(2)水泥沥青砂浆原材料的选定

应严格掌控所用原材料品牌、品质的稳定性,如乳化沥青、干料、减水剂、消泡剂等。原料供应商应具有稳定的生产供应能力。

(3)建立并形成原材料的仓储能力

施工时,砂浆原材料要确保供应,宜每 10～15 km 设一加料站。同时,对乳化沥青、干料等大宗材料的仓储设施还应考虑降温及隔热保温措施。一般情况下,干粉不大于 30℃,乳化沥青不大于 30℃,水不大于 20℃,以确保水泥沥青砂浆在现场有良好的拌合及灌注性能。

(4)砂浆拌合的稳定性确认

砂浆搅拌车及砂浆配比在正式灌注施工前应进行砂浆拌合的稳定性试验,须连续拌合 10 块板所需砂浆,抽取第 1、5、10 次(板)拌合料进行模拟灌板试验,并进行揭板检查,以确认拌合工艺、材料的稳定性及灌浆的饱满性。全部试验合格时方可正式进行灌注砂浆作业。

(5)砂浆材料的进场检验

对每批进场的砂浆材料均应按规定抽检,不合格的严禁使用。

2　砂浆灌注前施工准备

(1)轨道板几何位置的确认

垫层砂浆灌注施工前,应对精调完成的轨道板进行空间位置检查确认,并对精调完成的轨道板段进行平顺性检查,检查通过的方可进行砂浆灌注施工。

(2)底座板表面预湿

应由专人操作，用带有旋转平面喷头的喷枪进行雾状施做，根据培训操作中的经验掌握各种温度环境下的喷浇时间，别从三个灌浆孔伸入轨道板将其下浇湿，保证底座板湿润。

3 砂浆材料的运输及拌和

应由仓储地点对移动砂浆搅拌车进行加料(一般一次加料可灌注8～10块板)，并运输至工地拌和。每个灌浆作业面一般配置2台移动砂浆搅拌车，搅拌灌浆与加料(运输)应交替进行。为了减少搅拌车回站加料耽误时间，也可采用专用车辆运输，现场直接加料的方式，但运输车辆必须设有相应的降温(如空调)及保温措施。

(1)砂浆拌合

每次灌注施工前均应进行砂浆试拌合，测量其扩展度、流动度、含气量、砂浆温度、单位容积重量等指标，根据砂浆状态可对外加剂和消泡剂进行微调，各项指标合格后即可进行轨道板垫层灌注施工。每次施工应按规定留取试件。如图3.5.2—1所示。

图3.5.2—1 现场扩展度试验

(2)砂浆的垂直运输

砂浆拌合完成后,可将砂浆倒装于砂浆中转罐中,用吊车(或桅杆吊)吊运上桥直接灌注。不具备使用吊车灌注的,可采用悬臂龙门吊直接从桥下固定点提升上桥,移动至灌注地点进行灌浆作业。中转罐移动过程中应保持搅拌状态。如图 3.5.2—2 所示。

3.5.2—2 砂浆中转罐

3.5.3 生产要素配置

砂浆灌注施工的主要要素配置按一个灌注作业面设定。

1 主要机械设备的配置:砂浆搅拌车、砂浆中转仓、吊车、喷淋器、灌注管辅助支架。

2 主要仪器设备及材料

(1)试验仪器。测量砂浆扩展度、流动度、含气量等指标的仪器。

(2)其他材料。封堵排气孔用木塞或泡沫材料;粘合胶(用于临时封堵封边质量不良处);PVC 导管(与轨道板灌浆口配套的)。

3 主要人员配置

(1)桥下砂浆拌合车处。现场负责人,试验人员,砂浆车搅拌操控人员(技术人员),砂浆中转仓加浆、移动、吊装及清洗等人员。

(2)桥上灌浆施工。施工负责人,中转仓吊装及移动人员(并负责灌浆排气孔的封堵),灌浆作业人员,轨道板润湿、灌浆口处理人员等。

(3)关键设备的维护。砂浆搅拌车使用初期,易产生各类故障,各单位施工初期应要求生产厂商选派专业维修人员在现场跟班作业,以及时排除设备故障。

3.6 轨道板纵向连接

轨道板纵向连接至少应以单元施工段为基本段落,精调单元段内轨道板的连接分批进行。靠近临时端刺 240 m 的常规区为过渡段,此段在临时端刺后浇带尚未完成全部连接前(即临时端刺未与下一段底座板连接前)只可进行窄接缝灌注施工,不进行张拉锁拧紧及宽接缝灌注(砂浆)施工。其余单元段内完成精调的轨道板可进行规定内容的纵向连接施工。过渡段内轨道板的纵向连接待临时端刺后浇带全部连接完成后施工。

轨道板纵向连接的程序为:拧紧张拉锁→安装接缝钢筋→浇筑接缝混凝土→接缝混凝土养护。其关键工序为纵向张拉及接缝混凝土施工。

3.6.1 关键工序

3.6.1.1 纵向张拉

1 易发问题

(1)相邻轨道板纵向间距过小,造成张拉工具无法进行作业。

(2)张拉顺序不对。

(3)张拉力矩控制不稳。

(4)两相邻张拉作业面之间的张拉不协调。

2 管理要点

(1)垫层砂浆的强度达到 9 MPa 和灌注窄接缝砂浆强度达到 20 MPa时可对轨道板实施张拉连接。张拉锁拧紧施工通过扭距扳手操作,拧紧标准为 450 N·m。

(2)张拉施工应从拟连接段落中间开始,从中部向两端对称同步进行。轨道板中共设有 6 根张拉筋，张拉顺序为先张拉轨道板中间 2 根，其后由内向外对称张拉左右各 1 根筋，最后张拉剩余 2 根。连接钢筋张拉顺序如图 3.6.1—1 所示。

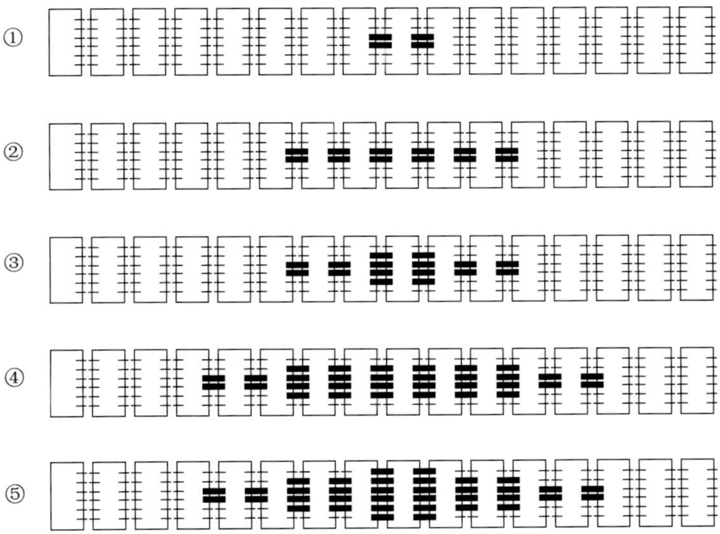

图 3.6.1—1 轨道板纵向钢筋连接张拉顺序

3.6.1.2 接缝混凝土施工

1 易发问题

(1)混凝土灌注前未对接缝区表面进行清理。

(2)混凝土捣固不密实。

(3)混凝土污染轨道板表面。

2 管理要点

(1)窄接缝混凝土灌注

砂浆灌注完成并达到 7 MPa(约需 7 天)后，方可进行窄接缝施工。施工前，应将连接缝区表面清除污垢，其后，在轨道板窄接缝处侧面安装模板(用螺杆拉紧)，向窄接缝灌注砂浆(可使用垫层砂浆，需调整改变稠度)，灌注高度应控制于轨道板上缘以下约 6 cm 处。灌注完成后应及时养生。

(2)轨道板宽接缝施工

①配置钢筋。每个宽接缝安放两个钢筋骨架,附加一根直钢筋定位,定位钢筋装在横向接缝的上方,定位筋与配筋间用绝缘丝绑扎防止移位。钢筋骨架节点需作绝缘处理。

②宽接缝的灌注

使用C55混凝土灌注(可根据现场实际情况添加膨胀剂)。混凝土骨料粒径为0～10 mm,混凝土应具有较小的坍落度,以避免超高区域内"自动找平流坠"现象。宽接缝混凝土灌注施工时,应在宽接缝上方设置灌注斗槽以保证混凝土灌注口附近范围外观整洁,混凝土应采用插入式振动器捣实,混凝土表面抹至与轨道板表面齐平。

③灌浆孔的填充封闭

应使用与接缝灌注材料相同的混凝土填充,与宽接缝施工一同完成。施工时应特别注意外观质量并顺接压出预裂缝,保持轨道板外观整洁。

④混凝土的养生

新填充的混凝土应及时养护,用薄膜覆盖并要防止滑脱,养护期一般为三天左右。

3.6.2 一般工序

一般工序为接缝钢筋的安装。

3.6.2.1 易发问题

1 钢筋锈蚀严重。

2 连接钢筋的张拉锁件不满足设计及相关技术要求。

3 连接钢筋的张拉顺序和张拉力不符合设计及相关技术要求

3.6.2.2 管理要点

按照设计及规范要求加强对连接钢筋的检查。

3.6.3 生产要素配置

1 轨道板张拉施工主要要素配置

(1)主要人员配置。约6～8人,其中1人进行连接前准备工作,包括对连接筋清洁、抹涂油脂,1人负责材料供应,2人安装张拉扣件,2人负责连接施工,1名技术人员(质量检查及确认),1名带班人员。

(2)主要工具、材料。扭矩套筒扳手(450 N·m以上的)2～3个,供料小车1个,油脂适量(满足连接需要)。

2 轨道板宽接缝施工

(1)主要人员配置。约45人左右,其中2人负责接缝清洗,6～8人负责立模,6～8人负责钢筋安装,4～5人负责混凝土灌注,10～12人负责桥上混凝土倒运,6～7人负责接缝混凝土抹面、养护等处理,4人负责拆模及材料倒运,1人负责质量检查及确认,1名现场负责人。

(2)主要机械设备。混凝土罐车1台,吊车1台(桥下吊升混凝土),混凝土料斗小车3～4台,桥上端模约50套(带钢夹),抹子6～7个,压力水枪2个。

3.7 轨道板剪切连接

为将轨道板与底座板连接成为一个整体,以适应结构变形,应在每片箱梁的梁缝区域、梁与台背、端刺与路基过渡段、桩板结构与路基过渡段及道岔前后处,设置轨道板的剪切连接位置。剪力销一般为4根Φ28HRB500级螺纹钢筋,在现场实际施作时,也可选用Φ25HRB500级螺纹钢筋,但应每块板增加1根,总数为5根。剪力销钉的孔位应按照图纸给定位置进行。

其关键工序为钻孔、植筋。

3.7.1 钻孔

3.7.1.1 易发问题

钻孔时,与轨道板钢筋相碰,影响轨道板绝缘及耐久性。

3.7.1.2 管理要点

钻孔前应在轨道板表面按照打孔植筋示意图标明的植筋位置标出具体钻孔位置。钻孔应使用专用电动钻孔机,钻孔完成后,使用高压风管(枪)将孔内屑粉吹除干净,并用毛刷清理。植筋施工应随即进行,否则应用纱丝团或软布团封堵孔口。如图3.7.1—1所示。

图 3.7.1—1 轨道板剪切钢筋钻孔

3.7.2 植筋

3.7.2.1 易发问题

剪切筋表面未涂抹植筋胶,造成绝缘不符合要求。

3.7.2.2 管理要点

为确保剪切筋与轨道板及板及底座板内钢筋处于隔离绝缘状态,剪切筋表面应事先均匀涂抹一层植筋胶,并确保表面无遗漏之处。在已钻好的孔内注入适量植筋胶,植入剪力销钉(筋)。植入剪切筋时应轻轻插入,并避免与板内钢筋接触。待植筋胶硬化后将孔口清理干净,并用同标号水泥砂浆封闭。

3.8 侧向挡块施工

侧向挡块是为防止无砟轨道横向位移和垂直挠曲而设的扣压装置。侧向挡块应待铺轨完成后方能施工。其工序为垫板及泡沫材料安装,钢筋笼制作、安装,剪力钉安装,模板制作及安装,混凝土灌注。其关键工序为垫板及泡沫材料安装,钢筋笼安装,剪力钉安装。

3.8.1 关键工序

3.8.1.1 垫板及泡沫材料安装

1 易发问题

(1)侧向挡块限位板的规格、质量不符相关技术要求。

(2)限位板的安装位置及数量不符合设计要求,与底座不密贴。

(3)泡沫材料尺寸不合要求,与轨道板不密贴。如图 3.8.1—1 所示。

图 3.8.1—1 泡沫材料尺寸不足,挡块混凝土与轨道板粘连

2 管理要点

施工时,先安装固定橡胶垫板及泡沫材料,其中,橡胶垫板可通过与挡块钢筋连接并固定,泡沫材料可采用胶合剂与底座板混凝土粘合固定,再安装挡块模板。

3.8.1.2 钢筋笼安装

1 易发问题

(1)钢筋笼制作绑扎不合要求。

(2)钢筋笼安装不规范。

2 管理要点

(1)按规范要求对钢筋笼的制作进行检查。

(2)钢筋笼宜采用桥下制作,整体吊装上桥的方式。

(3)吊装时注意成品保护。

(4)对侧挡与底座板接触面及其相邻 10 cm 范围内的底座板混凝土表面进行打磨,使其外表面光滑、顺直。

3.8.1.3　剪力钉安装

1　易发问题

(1)剪力钉预留孔不符合要求。

(2)安装不符合要求,侧向挡块剪力钉未按要求施工。如图3.8.1—2所示。

图 3.8.1—2　侧向挡块剪力钉施作不规范

2　管理要点

侧向挡块施工前,应对桥上预留槽内钢筋和套筒位置进行检查,要求内侧预埋套筒中心距底座板边缘距离为 8～12 cm,超过允许范围的应进行整修。

3.8.2　一般工序

一般工序为模板制作及安装和混凝土灌注。

3.8.2.1　模板制安

1　易发问题

(1)模板安装不符合要求,混凝土灌注过程中模板产生变形。

(2)模板尺寸没有考虑曲线超高因素。

2　管理要点

侧向挡块施工宜使用专用的组合钢模具,并要考虑到曲线地段超高引起的高度变化。

3.8.2.2 混凝土灌注

1 易发问题

轨道板和底座板接触面未覆盖薄膜，混凝土与其粘接，运营中易被拉裂。

2 管理要点

(1)立模前应在轨道板和底座板接触面覆盖薄膜，防止浇筑混凝土与其粘接。

(2)混凝土灌注施工应按规定采用微型振捣棒进行振捣。

(3)侧向挡块灌注完成后应及时覆盖养护。

(4)成形的侧向挡块，应保证外观方正，“纵、横向一条线”。如图3.8.2—1所示。

图3.8.2—1 外观方正，纵、横向线条顺直的侧向挡块

4 行为管理

项目管理机构是施工作业过程的管理和督导主体;监理单位受项目管理机构委托,负责对工序的事前、事中及事后的控制、检查和工序结束后的中间验收,是项目管理机构管理的延伸;施工单位是关键工序管理的行为主体,负责组织实施工序作业,是工序作业安全、质量的直接责任人。对CRTSⅡ型板式无砟轨道施工工序实行“五定、三统一、一负责”行为管理,突出主要领导负责制和检查确认制度,通过项目管理机构落实统一部署、实行统一记录、组织统一分析,定人、定期、定岗、定责、定点实施检查,促进闭环管理。

4.1 项目管理机构

4.1.1 主要领导

1 无砟轨道工程全面实施前,应组织对无砟轨道试验段方案进行审定,负责对工艺性试验进行检查。

2 无砟轨道正式施工后,每月对关键工序至少抽查一次,对一般工序每两月至少抽查一次。

3 定期组织召开无砟轨道施工协调会,对施工过程中的重大问题进行协调。

4.1.2 分管领导

1 无砟轨道工程工程开工前,参加对无砟轨道试验段方案的审查,参加对工艺性试验的全程检查。

2 开工前应组织对各施工单位的无砟轨道施工方案进行审查,组织对监理单位的专项监理方案进行审查,组织相关人员对施工单位进场人员、备的到位情况进行检查。

3 每半月应对关键工序至少抽查一次,对一般工序每月至少抽查一次。

4 每月应组织召开一次无砟轨道施工协调会。

4.1.3 工程、安质部长

1 开工前,应参加对无砟轨道试验段方案的审查,参加对工艺性试验的全程检查。

2 开工前,负责对各施工单位的无砟轨道施工方案进行审查和对监理单位的专项监理方案进行审查,负责对施工单位进场人员、设备到位情况进行检查。

3 每周应对关键工序至少抽查一次,对一般工序每半月至少抽查一次。

4.1.4 主管工程师

1 开工前,应参加对无砟轨道试验段方案的审查,参加对工艺性试验的全程检查。

2 开工前,参加对各施工单位的无砟轨道施工方案进行审查和对监理单位的专项监理方案进行审查,参加对施工单位进场人员、设备到位情况进行检查。

3 每周应对关键工序至少检查两次;对一般工序每半月至少抽查一次。

4.2 监理单位

4.2.1 总监理工程师(副)

1 开工前,应参加项目管理机构组织的对无砟轨道试验段方案的审查;每月应参加一次无砟轨道施工协调会;

2 开工前,负责组织编制监理单位的专项监理方案,负责对各施工单位的无砟轨道施工方案进行初步审查,参加项目管理机构对施工方案的审查,负责对施工单位进场人员、设备到位情况进行检查。

3 每半月对关键工序至少抽查一次;对一般工序每月至少抽查一次。

4.2.2 专业监理工程师

1 开工前,负责编制监理单位的专项监理方案,参加对各施工单位的无砟轨道施工方案的初步审查，参加项目管理机构对施工方案的审查，参加对施工单位进场人员、设备到位情况的检查。

2 每两天对关键工序至少抽查一次；对一般工序每周至少抽查一次。

4.2.3 旁站监理员

对各工序进行旁站，并进行检查确认、复核，形成记录。

4.3 施工单位

4.3.1 主要领导

1 无砟轨道工程工程开工前，参加项目管理机构组织的对无砟轨道试验段方案审查，参加对工艺性试验的全程检查。

2 开工前，参加项目管理机构组织的无砟轨道施工方案审查。

3 每月应参加一次项目管理机构组织的无砟轨道施工协调会。

4 每半月至少全面检查1次。

4.3.2 分管领导

1 开工前，应组织编制本单位的无砟轨道试验段方案。

2 开工前，负责审核本单位编制的无砟轨道施工方案，参加项目管理机构组织的对各本单位的方案的审查，参加项目管理机构组织的对本单位进场人员、设备到位情况的检查。

3 参加监理单位组织的每一次施工协调会。

4 每周至少全面检查1次。

4.3.3 工程、安质部长

1 开工前，负责编制本单位的无砟轨道试验段方案。

2 开工前，负责编制本单位无砟轨道试验段施工方案和施工方案，参加项目管理机构组织的对各本单位施工方案的审查，参加项目管理机构组织的对本单位进场人员、设备到位情况的检查。

3 参加监理单位组织的每一次施工协调会；

4 每周至少全面检查1次。

4.3.4 主管工程师

1 开工前，负责编制本单位无砟轨道施工方案，参加项目管理机构组织的对各本单位施工方案的审查,参加项目管理机构组织的对本单位进场人员、设备到位情况的检查。

2 参加监控单位组织的每一次施工协调会。

3 每天至少全面检查1次,进行复核、检查、确认,并形成记录。

4.3.5 架子队长/架子队技术负责人/专职安全/质量员

每天至少全面检查1次,进行复核、检查、确认,并形成记录。

5　工序签认表

为规范对工序质量控制点、关键点的检查，明确项目管理机构和施工、监理单位各级管理、技术人员的责任，强化各工序质量安全的过程控制，确保施工工序管理的可追溯性。对CRTSⅡ型板式无砟轨道施工工序管理实行检查签认制度，各级管理、技术人员要根据行为管理的具体要求，按规定频次对各关键工序进行检查检查、签认。监理单位应建立专门台帐，每月对工序签认表进行一次收集、整理，工程结束后移交项目管理机构安质部。

1　CRTSⅡ型板式无砟轨道施工工序控制签认表（桥梁梁面打磨、抛丸）见表5.1。

2　CRTSⅡ型板式无砟轨道施工工序控制签认表（底座板施工）见表5.2。

3　CRTSⅡ型板式无砟轨道施工工序控制签认表（轨道板粗铺）见表5.3。

4　CRTSⅡ型板式无砟轨道施工工序控制签认表（轨道板精调）见表5.4。

5　CRTSⅡ型板式无砟轨道施工工序控制签认表（水泥乳化沥青砂浆灌注）见表5.5。

6　CRTSⅡ型板式无砟轨道施工工序控制签认表（轨道板纵向连接）见表5.6。

7　CRTSⅡ型板式无砟轨道施工工序控制签认表（轨道板剪切连接施工）见表5.7。

8　CRTSⅡ型板式无砟轨道施工工序控制签认表（侧向挡块施工）见表5.8。

表 5.1 ______工程无砟轨道梁面打磨、抛丸施工关键工序控制签认表

施工单位：　　　　　　　　架子队：　　　　　　　　里程：

<table>
<tr><th rowspan="2">序号</th><th rowspan="2">工序</th><th rowspan="2">控制要点</th><th rowspan="2">检查结果</th><th colspan="3">架子队人员</th><th rowspan="2">监理人员</th><th rowspan="2">日期</th><th rowspan="2">备注</th></tr>
<tr><th>安全/质量员</th><th>技术负责人</th><th>架子队长</th></tr>
<tr><td>1</td><td rowspan="4">桥梁梁面打磨</td><td>桥面平整度</td><td></td><td></td><td></td><td></td><td></td><td></td><td></td></tr>
<tr><td>2</td><td>桥面高程</td><td></td><td></td><td></td><td></td><td></td><td></td><td></td></tr>
<tr><td>3</td><td>相邻梁端高差</td><td></td><td></td><td></td><td></td><td></td><td></td><td></td></tr>
<tr><td>4</td><td>桥面排水坡</td><td></td><td></td><td></td><td></td><td></td><td></td><td></td></tr>
<tr><td>5</td><td rowspan="2">抛丸</td><td>梁面修复</td><td></td><td></td><td></td><td></td><td></td><td></td><td></td></tr>
<tr><td>6</td><td>抛丸处理(抛丸深度和范围)</td><td></td><td></td><td></td><td></td><td></td><td></td><td></td></tr>
<tr><td>7</td><td>预埋件质量控制</td><td>桥面预埋件</td><td></td><td></td><td></td><td></td><td></td><td></td><td></td></tr>
<tr><td colspan="2">施工单位</td><td colspan="8">检查人：　　　　　　　　日期：</td></tr>
<tr><td colspan="2">监理单位</td><td colspan="8">检查人：　　　　　　　　日期：</td></tr>
<tr><td colspan="2">项目管理机构</td><td colspan="8">检查人：　　　　　　　　日期：</td></tr>
</table>

表 5.2 ______工程无砟轨道底座板施工关键工序控制签认表

施工单位： 架子队： 里程：

序号	工序	控制要点	检查结果	架子队人员				监理人员	日期	备注
				安全/质量员	测量员	技术负责人	架子队长			
1	聚脲防水层施工	产品质量，底涂及防水层施工质量								
2		与梁面粘结强度								
3		防水层厚度(2 mm)								
4		外观是否符合技术条件要求								
5		剪力钉板施工质量								
6	混凝土浇筑	钢筋绑扎质量、电气绝缘								
7		底座板高程控制、拉毛质量								
8		施工单元划分、常规区与临时端刺布设、后浇带设置								
9	底座板张拉	张拉温度、张拉量计算								
10		底座板张拉连接施工配合								
施工单位		检查人：					日期：			
监理单位		检查人：					日期：			
项目管理机构		检查人：					日期：			

表 5.3 ______工程无砟轨道轨道板粗铺施工工序控制签认表

施工单位： 架子队： 里程：

序号	工序	控制要点	检查结果	架子队人员				监理人员	日期	备注
				安全/质量员	测量员	技术负责人	架子队长			
1	定位锥安装、轨道基准点测设	定位锚杆								
2		测设 GRP 点								
3	轨道板粗铺	粗铺前的准备情况								
4		粗铺定位情况								
5		支点设置情况								
施工单位	检查人：					日期：				
监理单位	检查人：					日期：				
项目管理机构	检查人：					日期：				

表 5.4 ______工程无砟轨道轨道板精调施工工序控制签认表

施工单位： 架子队： 里程：

序号	工序	控制要点	检查结果	架子队人员				监理人员	日期	备注
				安全/质量员	测量员	技术负责人	架子队长			
1	CPⅢ、GRP、沉降评估	CPⅢ、GRP是否进行过评估								
2		简支梁、路基沉降时间是否达到评估要求								
3		连续梁徐变时间是否达到要求								
4	轨道板精调	精调网的复测								
5		GRP点测量精度								
6		精调调节装置的安装								
7		测量、精调程序								
8		轨道板压紧装置								
9		轨道板复测								
施工单位		检查人： 日期：								
监理单位		检查人： 日期：								
项目管理机构		检查人： 日期：								

表 5.5 ______工程无砟轨道砂浆灌注施工工序控制签认表

施工单位：　　　　架子队：　　　　里程：

序号	工序	控制要点	检查结果	架子队人员				监理人员	日期	备注
				安全/质量员	试验员	技术负责人	架子队长			
1	封边扣压	封边材料采用情况及封边质量								
2		横向、竖向限位装置扣压情况								
3	水泥乳化沥青砂浆灌注	配合比的试配								
4		原材料的确定								
5		砂浆拌合的稳定性								
6		砂浆材料的进场检验								
7		底座板表面预湿								
8		灌注砂浆								
9		封闭灌浆孔								
施工单位		检查人：　　　　日期：								
监理单位		检查人：　　　　日期：								
项目管理机构		检查人：　　　　日期：								

表 5.6　______工程无砟轨道轨道板纵连施工工序控制签认表

施工单位：　　　　　　架子队：　　　　　　里程：

序号	工序	控制要点	检查结果	架子队人员			监理人员	日期	备注
				安全/质量员	技术负责人	架子队长			
1	轨道板纵向连接	张拉的顺序及张拉力矩控制情况							
2		两相邻张拉作业面之间张拉是否协调							
3		窄接缝混凝土灌注							
4		张拉锁连接							
5		宽接缝钢筋配置							
6		宽接缝灌注							
7		灌浆孔的填充封闭							
8		填充混凝土养护							
施工单位		检查人：　　　　日期：							
监理单位		检查人：　　　　日期：							
项目管理机构		检查人：　　　　日期：							

表 5.7 ______工程无砟轨道轨道板剪切连接施工工序控制签认表

施工单位：　　　　架子队：　　　　里程：

<table>
<tr><th rowspan="2">序号</th><th rowspan="2">工序</th><th rowspan="2">控制要点</th><th rowspan="2">检查结果</th><th colspan="4">架子队人员</th><th rowspan="2">监理人员</th><th rowspan="2">日期</th><th rowspan="2">备注</th></tr>
<tr><th>安全/质量员</th><th>测量员</th><th>技术负责人</th><th>架子队长</th></tr>
<tr><td>1</td><td rowspan="3">钻孔</td><td>钻孔位置</td><td></td><td></td><td></td><td></td><td></td><td></td><td></td><td></td></tr>
<tr><td>2</td><td>钻孔质量</td><td></td><td></td><td></td><td></td><td></td><td></td><td></td><td></td></tr>
<tr><td>3</td><td>成孔后质量</td><td></td><td></td><td></td><td></td><td></td><td></td><td></td><td></td></tr>
<tr><td>4</td><td rowspan="6">植筋</td><td>剪切筋表面植筋胶涂抹质量</td><td></td><td></td><td></td><td></td><td></td><td></td><td></td><td></td></tr>
<tr><td>5</td><td>植筋过程是否符合规范要求</td><td></td><td></td><td></td><td></td><td></td><td></td><td></td><td></td></tr>
<tr><td>6</td><td>植筋后孔口清理情况</td><td></td><td></td><td></td><td></td><td></td><td></td><td></td><td></td></tr>
<tr><td></td><td></td><td></td><td></td><td></td><td></td><td></td><td></td><td></td><td></td></tr>
<tr><td></td><td></td><td></td><td></td><td></td><td></td><td></td><td></td><td></td><td></td></tr>
<tr><td></td><td></td><td></td><td></td><td></td><td></td><td></td><td></td><td></td><td></td></tr>
<tr><td colspan="2">施工单位</td><td colspan="10">检查人：　　　　日期：</td></tr>
<tr><td colspan="2">监理单位</td><td colspan="10">检查人：　　　　日期：</td></tr>
<tr><td colspan="2">项目管理机构</td><td colspan="10">检查人：　　　　日期：</td></tr>
</table>

表 5.8　______工程无砟轨道侧向挡块施工工序控制签认表

施工单位：　　　　架子队：　　　　里程：

序号	工序	控制要点	检查结果	架子队人员				监理人员	日期	备注
				安全/质量员	测量员	技术负责人	架子队长			
1	垫板及泡沫材料安装	限位板的规格、质量								
2		限位板的安装位置及数量								
3		泡沫材料尺寸是否符合要求								
4	钢筋笼安装	制作和安装是否符合要求								
5	剪力钉安装	预留孔是否符合要求								
6		剪力钉是否按要求施工								
施工单位	检查人：					日期：				
监理单位	检查人：					日期：				
项目管理机构	检查人：					日期：				

第二篇　CRTSⅡ型板式无砟轨道精调

1 概　　述

轨道精调是无砟轨道施工中非常关键的一道工序，它对轨道的几何尺寸能否达到设计及验标的要求起着决定性作用。轨道精调因轨道状态测量和检测方法的不同，分静态和动态两个阶段。无砟轨道施工完成，长轨铺设放散、锁定后，即可进入轨道静态调整阶段。静态阶段主要通过精调小车等测量设备对轨道几何状态进行检测和评估。静态调整达到静态验收标准后，线路开始联调联试，此时进入轨道动态调整阶段，该阶段主要通过 160 km/h 轨检车和 350 km/h 动车组对轨道状态进行检测和评估。通过两个阶段的调整，最终使得无砟轨道轨道状态满足动车组高速运行的条件，满足舒适性和安全性的要求。

2　施工流程图

轨道精调施工作业流程如图 2—1 所示。

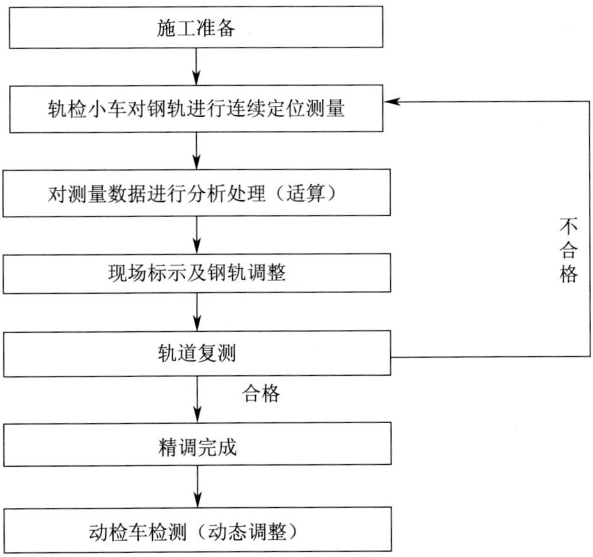

图 2—1　轨道精调施工作业流程图

3 工序管理

轨道精调按照过程来说，一般可分为静态精调和动态精调二个阶段，各阶段根据采用检测方式的不同，其各项调整标准也存在着差异。

3.1 静态精调

无砟轨道钢轨静态精调是在调联调联试之前，根据轨检小车对钢轨几何状态进行静态数据的采集，通过精调处理软件对采集数据进行分析，并由模拟适算表确定轨道调整的位置和调整量，对轨道线型（轨向和轨面高程）进行优化调整，合理控制轨距变化率和水平变化率，使轨道静态精度满足在 350 km/h 及以上速度下高速运行的条件。依据调整数据表，对应现场位置人工对轨道进行调整。其关键步骤有：施工准备，精调测量、数据分析处理、现场标示及轨道调整、轨道复测、轨道再修正等。

3.1.1 施工准备

钢轨精调施工准备工作主要包括轨道精调设备的准备、线形资料的准备、轨排组装检查、CPⅢ控制网复测、承轨台的标记。

3.1.1.1 精调专业设备

钢轨精调主要采用的专业设备见表 3.1.1—1 所示。

表 3.1.1—1 钢轨精调设备表

序号	设　　备	数量	用　　途
1	轨道几何状态测量仪	1 套	对钢轨进行轨距、轨向、水平（超高）、绝对坐标的测量
2	气象量测仪器	1 套	用于测距温度、气压改正
3	全站仪	1 台	对轨道几何状态测量仪上的棱镜进行坐标测量
4	CPⅢ目标棱镜	8 个	全站仪自由设站边角交会的目标

1　易发问题

（1）未对全站仪、精调小车、道尺等相关仪器设备按规定项目进行检验和校准。

(2)精测网未复测、或复测后保护不到位,造成CPⅢ控制网成果精度不能满足要求,导致转站测量搭接不合格,无法提供正确数据。

2 管理要点

(1)应按基本要求配备齐全轨道精调所需仪器、工具,并对相关仪器设备按规定项目做好检验和校准工作。

(2)应重点做好全站仪、精调小车和道尺的校核。

(3)应做好CPⅢ控制网复测及预埋件设备保护。

3.1.1.2 线形资料

设计资料关系到外业数据采集的准确性和内业的数据处理,以及平顺性的分析。只有设计资料的准确才能够提供准确的调整量。设计资料应包括:CPI,CPⅡ,CPⅢ点位的三维坐标,平曲线,竖曲线,超高设计资料。

1 易发问题

(1)设计资料出现错误,或者操作人员由于粗心导致输入数据时发生错误。

(2)在输入竖曲线时,没有注意断链问题。

2 管理要点

(1)应认真核对设计资料,确保设计线路数据等资料输入正确无误。重点核对平面曲线要素、变坡点位置和竖曲线要素、曲线超高等。

(2)数据输入时要细心仔细,防止人为输入错误。

3.1.1.3 轨排组装检查

应沿线路对承轨台,重点检查:钢轨、扣件、垫板、焊缝等进行逐个检查。

1 易发问题

(1)钢轨:钢轨面被污染,存在低塌、掉块、硬弯等缺陷。如图3.1.1—1所示。

(2)扣件:扣件安装不正确,存在缺失、损坏、污染现象,扭力矩达不到设计标准,弹条中部前端下颚与轨距挡块间隙大于0.5 mm,轨距挡肩与轨距挡块间隙大于0.3 mm。如图3.1.1—2所示。

(3)垫板:垫板安装不正确,存在缺少、损坏、偏斜、污染、空吊(间隙大于0.5 mm)等现象。如图3.1.1—3所示。

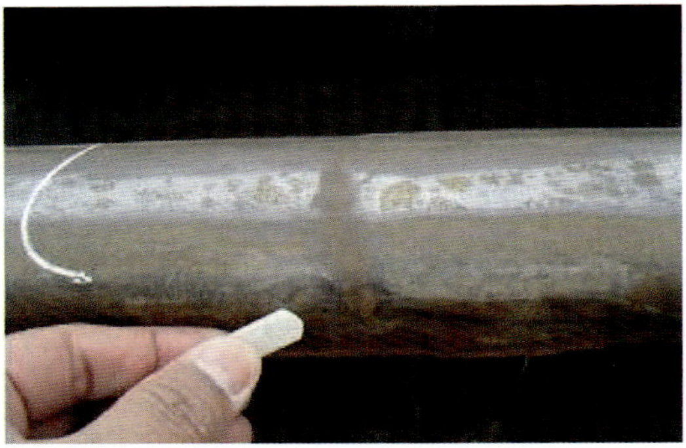

图 3.1.1—1　钢轨顶面不平顺

图 3.1.1—2　弹条中部前端下颚与轨距挡块间有间隙

图 3.1.1—3　钢轨空吊

(4)焊缝平顺性达不到规范要求。

2 管理要点

(1)应安排专人对钢轨各个部件严格按照标准进行全面的测量检查,对检查发现的问题及时整改消除。

(2)应对焊缝进行全部检查,采用 1 m 平直度尺或电子平直尺及塞尺检查,主要测量焊缝平顺性,顶面 0～＋0.2 mm,工作边 0～－0.2 mm,圆弧面 0～－0.2 mm。发现轨头不平顺及时通知铺轨单位处理。

3.1.1.4 CPⅢ控制网复测

1 易发问题

(1)CPⅢ点遭到破坏,误将不合格坐标导入全站仪和测量软件中。

(2)未对复测成果进行修正,输入原测量数据。

2 管理要点

(1)CPⅢ控制点检查及安装:应提前 15 天对所施工区段的 CPⅢ控制点进行检查,检查 CPⅢ控制点是否良好,棱镜是否能完全插入,如发现损坏应及时补测,以免对后续工作造成影响。

(2)应严格按标准对 CPⅢ控制点进行统一编号,且应在点旁标注编号并做好警示标识,防止撞击和人为破坏。

(3)应及时补齐破坏的预埋件,对有杂物的预埋件应及时清理,保证复测工作不受影响。

(4)复测工程中应尽量延长测量单元,以减少平差处理过程中搭界段过多的问题。

3.1.1.5 承轨台标记

1 易发问题

承轨台标记错误或者标示不明显,给以后运营期间的维修工作带来不便。

2 管理要点

(1)全线应采用贯通的连续里程,一般来说里程由 4 位数组成,表示公里数。

(2)应对 CPⅢ点进行编号来划分区间,同一里程(以公里为单位)

下相邻两个CPⅢ点之间作为一个区间，区间号为两位数字；顺里程增加方向分左（右）线对每个区间起始处的CPⅢ点进行编号，奇数表示左线，偶数表示右线，如：1347303，表示线路里程为K1347范围左线第3个区间。

（3）应对每个区间第一个承轨台进行编号标记：一般来说，相对CPⅢ点顺里程增加方向最近的承轨台为该区间的第一个承轨台，承轨台编号为3位数，第一根承轨台编号为001，以此类推，直到下一个CPⅢ点为止，现场可间隔10个承轨台距离进行编号，如1347303003，表示左线里程为K1347，第3个区间的第3个承轨台。

3.1.2　精调测量

目前我国对于高速铁路轨道精调测量，采用由程序控制的全站仪测量轨道几何状态测量仪上棱镜，获得几何状态数据，通过对数据的分析模拟适算，指导现场轨道精调。在精调测量中，仪器、人员、环境等众多的变化因素会加大精调测量的难度，造成误差积累，这些因素决定了精调测量是轨道精调施工管理中的核心和关键。

精调测量关键工序有全站仪等设备设站和精调测量。如图3.1.2—1所示。

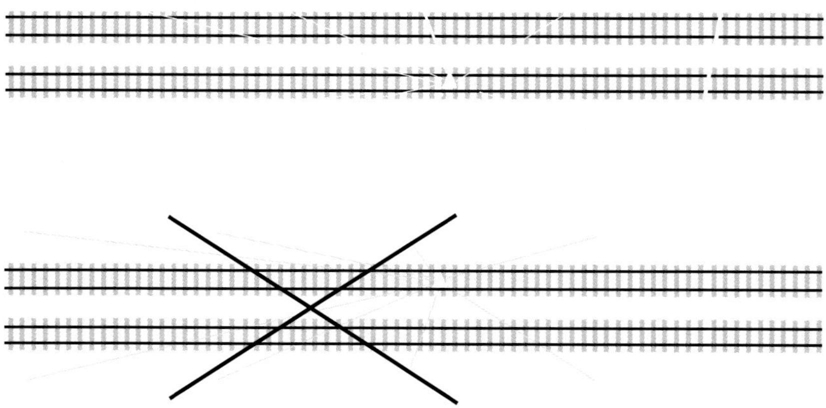

图3.1.2—1　轨道精调测量示意图

3.1.2.1 全站仪设站

1 易发问题

在高精度测量过程中，最容易出现问题的就是设站误差过大。

2 管理要点

(1)当存在以下情况时，应注意对全站仪的校核。

①第一次使用前；

②设站精度不合格；

③在每次高精度的测量前；

④在颠簸或长途运输后；

⑤在长时间工作后；

⑥在长时间存放后；

⑦测量环境温差超过 20℃时。

(2)全站仪应在轨道上设站点，站点到中心线的距离宜与到小车上棱镜的距离相同(测距无影响，只是由测角来定线)，仪器应架稳，不能接触钢筋。应使用至少 8 个控制点自由设站，仪器应在最近 2 对点的中间位置，前后至少各使用一个不小于 60 m 的控制点。应根据天气条件确定全站仪距小车的最大距离，在寒冷且晴朗天气时，约为 60～70 m，在炎热和(或)多尘土的天气(折射)情况下，距离可缩短到 30～35 m。

(3)应加强对设站误差的控制：一般地段 X、Y、Z 值应控制在 0.7 mm以内，水平定向误差不大于 1 s；特殊地段 X、Y、Z 值可控制在 1 mm 以内，方向误差应控制在 1.4 s 以内。

3.1.2.2 精调测量

1 易发问题

(1)全站仪保护不到位，仪器被施工人员碰倒或被风吹倒。

(2)CPⅢ棱镜看护不到位，人为或机械碰撞仪器。

2 管理要点

(1)精调作业时，应派专人对 CPⅢ棱镜看护，防止人为或机械碰坏。

(2)应注意全站仪、轨检小车的连接。全站仪设站完成、轨检小车组装完成且检查各项连接正常后，将全站仪对准轨检小车棱镜，检查通信并锁定，通过轨检小车配套设备与全站仪进行无线连接。

（3）全站仪与轨检小车正常连接后，采用正反向校核方法对轨检小车进行检校，即先将轨检小车面向轨道调整方向设置，与全站仪连接测试无误后，关闭小车所有程序后，再将小车旋转 360 度与全站仪进行连接测试，两次测试数据误差不超过 1 mm 方可使用，否则应重新检查小车，直到满足设计要求后方可进行测量使用。

（4）应按测量和精调小车操作程序对轨道进行仔细测量。轨道精调小车测量距离一般为 10～60 m，测量前应重点控制测量环境、设站精度、棱镜的安装是否到位、棱镜常数等细节。测量数据调整应按下列原则进行："先轨向、后轨距，先高低、后水平"。

（5）对现场测量过程中出现异常的点位，应及时备注并通知现场技术负责人及时核对和解决。每次测量结束后，应及时整理导出数据以便分析和调整。如图 3.1.2—2 所示。

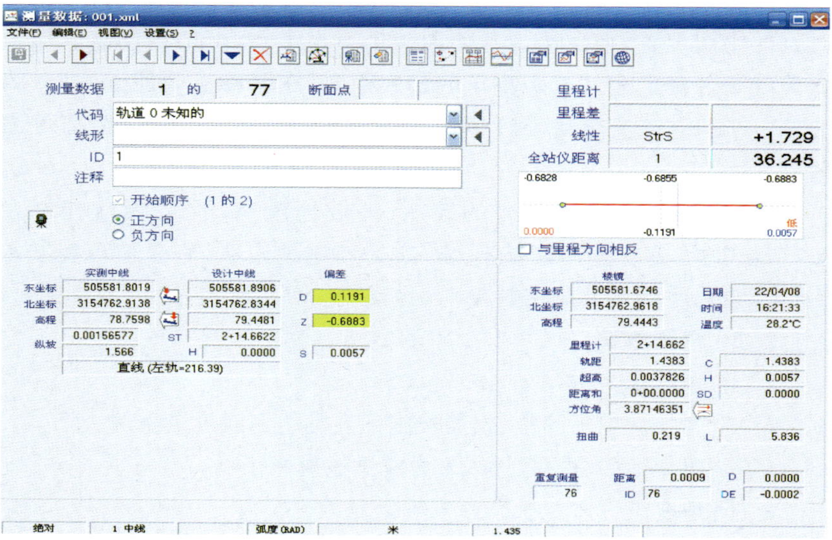

图 3.1.2—2　×××轨道小车测量数据

（6）钢轨焊联锁定后方可进行数据采集。

(7)测量前应清洁轨面以保证测量数据的正确。

(8)在轨道数据采集过程中,不能采用跟踪测量方式,应采用精确的测量模式对数据进行采集。

(9)小车上棱镜安放应保持一致性,棱镜面应朝向全站仪,避免左右、上下的偏转,否则会造成测量数据的误差或错误。

(10)轨道静态精调至少应进行 2 遍,每台小车每天数据采集最多单线 800 m,数据采集量比较大,且轨道精调前需要熟悉过程,为提高精调效率,不能随意调整钢轨精调人员。

(11)观测过程中应注意棱镜与全站仪不能被遮挡,如被遮挡则应放弃本次测量,再次重测该点。

(12)测量时,与上次测量至少搭接 30 m,避免测量误差出现错台现象。

3.1.3 数据分析处理

测量数据分析是利用轨道精调试算软件对轨道的平顺性进行系统分析。对于安伯格轨道精调系统,自身具有 DTS 精调软件,轨道几何状态数据通过 DTS 轨道精调软件进行数据分析和合理的适算,得到每个扣件位置的调整量值,以指导轨道现场调整,确保轨道各项指标满足设计要求。平顺性指标可通过对主要参数(平面位置、轨距、高程,超高)指标曲线图按“削峰填谷”处理的原则来实现,其目的是为了直线顺直,曲线圆顺。

3.1.3.1 易发问题

适算时,不注意个别突变点和测量换站点的处理,急于调整,造成适算误差。

3.1.3.2 管理要点

1 应熟知适算标准。按照表 3.1.3—1 适算允许偏差进行控制。

表 3.1.3—1 适算平顺性指标允许偏差表

序号	项 目	过程控制偏差	允许偏差
1	轨距	±1 mm	±1 mm
	轨距变化率	1/1 500	

续上表

序号	项 目		过程控制偏差	允许偏差
2	高低	弦长 30 m	1.5 mm/5 m	2 mm/5 m
		弦长 300 m	10 mm/150 m	10 mm/150 m
	高程变化率		1/1 500	
3	轨向	弦长 30 m	1.5 mm/5 m	2 mm/5 m
		弦长 300 m	10 mm/150 m	10 mm/150 m
	平面位置变化率		1/1 000	
4	扭曲	基长 3 m		3 mm
5	水 平		1.5 mm	2 mm

2 应严格按适算步骤及方法进行

适算基本步骤是:“先轨向,后轨距”,“先高低,后水平”。

应先适算基本轨的轨向,使得基本轨的轨向短波,长波平顺性指标达到要求。(曲线段外轨(高股)为平面位置的基准轨,曲线段内轨(低股)为高程基本轨,直线段基本轨的确定以前方曲线为基准,前方没有曲线的以后方曲线为基准)。

再模拟调整非基本轨的平面位置,使得适算后的轨距值满足要求。

先适算基本轨的高低,使得基本轨的高低短波、长波平顺性指标达到要求。

再模拟调整非基本轨的高程,使得适算后的水平(超高)值满足要求。

3 应了解适算过程指标的控制标准。

(1)高低:适算后的高低平顺性指标应线性平顺,无剧烈凸凹,相邻两根轨枕高程变化值应小于 0.5 mm。

(2)水平/超高:适算后的水平剩余调整量相邻点值应无剧烈变化,数值过渡平滑,相邻两根轨枕高程变化值应小于 0.5 mm。

(3)轨向:适算后的轨向平顺性指标应线性平顺,无剧烈凸凹,相邻两根轨枕平面位置变化值应小于 0.5 mm,适算标准应设定为±1.5 mm。

(4)轨距：适算后的轨距剩余调整量相邻点值应无剧烈变化，数值过渡平滑，适算标准相邻点位数值差值设定为 0.5 mm。

(5)绝对位置：高程和平面位置的绝对位置宜在满足高低、轨向平顺性指标的前提下，轨面高程应满足＋4/－6 mm，紧靠站台须满足＋4/0 mm；平面位置可按±10 mm 控制，紧靠站台须满足－10/0 mm。

4 测量数据整理。安伯格小车可直接通过仪器自带软件生成适算表格，在适算表格中插入轨距、水平、高程、平面位置变化率，设置条件格式，修正轨向和高低。

5 调整作业表的生成。依据适算结果，结合调整件特点，将调整量转化成调整件，最后生成现场调整作业表。

6 适算时，对个别突变点和测量换站点的处理应慎重，以先不调整为原则，在适算表中注明，经现场再次复核无误后方可处理。

7 适算调整，应先消灭较大的成段偏差，再进行短波和变化率的调整。

8 基本轨和非基本轨的调整，应遵循对称对应调整的原则。

9 为对适算数据进行有效控制，宜用电子表格公式功能添加短波轨向和短波高低两栏，并添加平面、高程、轨距变化率栏；通过条件格式按各项指标控制原则，对超限点设定不同背景色，同时插入调整后的高低、轨向折线图。

3.1.4 现场标示及轨道调整

3.1.4.1 易发问题

1 易出现资料和现场位置不相符的问题，或出现标记重复现象。

2 没有考虑设计锁定轨温，连续松开扣件数量超过要求。

3.1.4.2 管理要点

1 标示前应熟知轨道调整的各顶内容和各项指标。调整主要包括轨向、轨距、中线、超高、高低和高程等六项指标。

(1)轨向调整，《验标》要求轨向允许偏差为 2 mm/10 m 弦。应先选定一股钢轨作为基准股(曲线地段选择上股，直线地段选择与前方曲线上股同侧钢轨)，对基准股钢轨方向进行精确调整，短波(30 m)1.5 mm合格率 100％；长波(300 m)10 mm 合格率 100％；线型应平顺，无突变，无周期性小幅振荡。

(2)轨距调整，《验标》要求轨距允许偏差为±1 mm，变化率1‰。固定基准股钢轨，对另一股钢轨进行调整，轨距精度控制：轨距变化率≯1.0‰，相邻两根轨枕变化率≯0.65%；该股钢轨方向线型应平顺，无突变，无周期性小幅振荡。

(3)中线调整《验标》要求轨道中线与设计中线允许偏差为10 mm，线间距允许偏差为+10 mm、−0 mm。轨道的中线计算基准为从高轨到公称轨距的一半。

(4)高程调整，《验标》要求在满足平顺度要求的情况下，高程为允许偏差为+4 mm、−6 mm；紧靠站台为+4 mm、−0 mm。轨道高程是指以基本轨(非超高的钢轨)为计算基准。

(5)水平调整，《验标》要求水平允许偏差为1 mm，轨道的水平(超高)是指轨道两个钢轨之间的垂直高度差。固定基准股钢轨，调整另一股钢轨高低，校核水平精度，水平变化率相邻两根轨枕≯0.5 mm，间隔三根轨枕≯1.5 mm；该股钢轨高低线型应平顺，无突变，无周期性小幅振荡。

2　应详细了解轨道调整的方法。

(1)轨距、轨向调整可通过更换轨距挡块来实现。

①根据设计要求，WJ-8C扣件系统的轨距调整范围为±10 mm。

②轨距调节通过更换不同宽度的轨距挡板，实现±5 mm范围内的横向调节，每步调节1.0 mm，调节轨距的轨距挡板规格系列见表3.1.4—1。

表3.1.4—1　钢轨左右位置调整配置表(单股钢轨)

单股钢轨调整量(mm)	钢轨外侧		钢轨内侧	
	轨距挡板	绝缘轨距块	绝缘轨距块	轨距挡板
−5	10	11	7	4
−4	10	10	8	4
−3	10	9	9	4
−2	7	11	7	7

续上表

单股钢轨调整量(mm)	钢轨外侧		钢轨内侧	
	轨距挡板	绝缘轨距块	绝缘轨距块	轨距挡板
−1	7	10	8	7
0	7	9	9	7
+1	7	8	10	7
+2	7	7	11	7
+3	4	9	9	10
+4	4	8	10	10
+5	4	7	11	10

(2)高低、水平调整通过更换轨垫来实现。

①根据设计要求,WJ-8C扣件系统的高程调整范围为+26～−4 mm。

②高度调整方式,可通过嵌入1 mm或2 mm塑料调高垫板实现。如表3.1.4—2所示。

表3.1.4—2 WJ-8C扣件轨距调整表

钢轨高低位置调整量	WJ8C轨下垫板厚度	WJ8C轨下微调垫板总厚度	WJ8铁垫板下调高垫板厚度
−4 mm	2 mm	0	0
−3 mm	3 mm	0	0
−2 mm	4 mm	0	0
−1 mm	5 mm	0	0
0	6 mm	0	0
+1～+6 mm	6 mm	1～6 mm	0
+7 mm	3 mm	0	+10 mm
+8 mm	4 mm	0	+10 mm
+9 mm	5 mm	0	+10 mm
+10 mm	6 mm	0	+10 mm
+11～+16 mm	6 mm	1～6 mm	+10 mm

续上表

钢轨高低位置调整量	WJ8C 轨下垫板厚度	WJ8C 轨下微调垫板总厚度	WJ8 铁垫板下调高垫板厚度
+17 mm	3 mm	0	+20 mm
+18 mm	4 mm	0	+20 mm
+19 mm	5 mm	0	+20 mm
+20 mm	6 mm	0	+20 mm
+21～+26 mm	6 mm	1～6 mm	+20 mm

3　材料进场以后，技术人员应先核对其规格和数量，在对不同规格调整件的辨别方法熟悉后，再组织作业人员进行交底，确保所有人员能迅速辨别不同规格的调整量及工件。

4　施工现场应安排专门的技术人员对精调数据进行标识。现场技术员应根据调整报表，准确找出需要调整扣件的位置(按扣件编号找出位置，用道尺和弦绳复核)，并用石笔标出起点和终点(左右股应分别标注)，并在扣件头位置标识出平面的调整量和调整方向，在钢轨顶面标识出高程或水平的调整量。精调方向和调整量的数据标识形式不一，可使用“→”、“←”加数字方式进行标识。用横线加箭头标注出调整地段起始点，每个钢轨的扣件一侧用数字标注出调整量(应和报表显示数据一致，平面注意内外侧，也就是平面调整的方向)，另一侧取相反值对应。高程只需标注数字，用正负号表示降低或抬高。报表样式参考表 3.1.4—3 和现场标志如图 3.1.4—1 所示。

5　应根据现场的标示，把调整件准确无误的摆放在承轨台挡肩的两侧。调整件摆放应有专人复核，为便于更换，摆放应整齐。

6　经检查无误后，现场带班人员方可组织进行扣件拆松和调整作业，可使用起道器将钢轨稍微抬起对高程调整件进行更换，对平面个别轨距挡块调整则需使用小撬棍进行辅助。紧固扣件调整完毕后，经再次核对后，按规定扭力上紧扣件。在同一股钢轨上紧固扣件时，直线地段一般先紧固调整量为正的一侧，再紧固调整量为负的一侧；曲线地段应先紧固内侧扣件(低的一侧)，再紧固另外一侧(高的一侧)。

表 3.1.4—3 报表参考样式

	测量点	轨枕ID	里程	异向轨	左轨高程	右轨高程	左轨平面	右轨平面	高程	平面位置	水平	轨距	备注
188	186	14	1432422	-1					-2.6	2.3	-0.2	-0.7	
189	187	15	1432423	-1					-2.3	2	-0.3	-0.7	
190	188	16	1432424	-1					-2.7	1.9	-0.3	-0.5	
191	189	17	1432424	-1					-2.7	1.2	-0.1	-0.4	
192	190	18	1432425	-1					-2.5	1.1	-0.2	-0.4	
193	191	19	1432426	-1					-2.3	1.3	-0.5	-0.8	1427307-020
194	192	20	1432426	-1					-2.6	1.2	-0.5	-0.9	
195	193	21	1432427	-1					-2.4	0.8	-0.6	-0.8	
196	194	22	1432428	-1					-2.8	1	-0.6	-0.8	
197	195	23	1432428	-1					-2.9	1	-0.2	-0.8	
198	196	24	1432429	-1		-1	-1	-1	-2.8	0.6	-0.6	-0.8	
199	197	25	1432430	-1		-1	-1	-1	-2.9	0.1	0.1	-1.1	
200	198	26	1432430	-1		-1	-1	-1	-3	0.5	0.2	-1.6	
201	199	27	1432431	-1		-1			-3	0.1	0.1	-1.6	
202	200	28	1432432	-1		-1			-3.4	0.8	-0.1	-1.6	
203	201	29	1432432	-1			1	1	-3.9	0.6	0.5	-1.5	1427307-030
204	202	30	1432433	-1			1	1	-3.9	0.7	0.1	-1.5	
205	203	31	1432434	-1			1	1	-3.5	1	-0.2	-1.7	
206	204	32	1432434	-1			1	1	-3.2	1.3	-0.3	-1.7	
207	205	33	1432435	-1			1	1	-3.1	0.7		-1.7	
208	206	34	1432435	-1					-3.4	1.2	0.1	-1.4	
209	207	35	1432436	-1					-3.3	0.6	0.2	-0.6	
210	208	36	1432437	-1					-3.3	-0.5	0.5	-0.4	
211	209	37	1432437	-1					-3.4	-0.8	0.5	-0.4	
212	210	38	1432438	-1			-1	-1	-3.7	-0.6	0.7	-0.4	
213	211	39	1432439	-1	-1	-1	-1	-1	-3.5		0.7	-0.7	1427307-040
214	212	40	1432439	-1	-1	-1	-1	-1	-3.4	-0.3	0.5	-0.7	
215	213	41	1432440	-1	-1	-1	-1	-1	-3.5	-0.4	0.4	-0.7	

图 3.1.4—1 现场标识

7　应使用塞尺对扣件空隙进行复查，同时对更换扣件的型号进行复查。如扣件不符合要求，应先检查是否处在轨头焊缝处(有的焊缝不平顺)，如不是，可用撬杠往大缝隙方向稍微拨动钢轨，如有必要，则考虑更换异型组合轨距挡块；反之，则由铺轨单位对焊缝进行处理。如轨底与轨垫间的缝隙不符合要求，如处在焊缝处，则由铺轨单位对焊缝进行处理，反之，则更换轨垫。如图 3.1.4—2 和图 3.1.4—3 所示。

图 3.1.4—2　更换扣件

图 3.1.4—3　现场复测

8　换下来的标准件应进行分类整理，集中放在线间，完工时带出线外，分类存放在指定的位置，做到工完场清。

9　应准备完善轨道调整工装准备。主要设备包括:轨道精调小车(含全站仪、棱镜等)、弦绳、电子道尺、塞尺、起道器(手摇跨顶、压机)、丁字扳手、M46 型扳手、扭力扳手、机动扳手(长大区段调整时使用)、撬棍等。

3.1.5　轨道复测

复测阶段与前述步骤不同的是,要将复测阶段的测量数据与首次数据进行对比,根据比对结果,对复测数据进行适算,由适算结果得出调整表,对轨道状态进行反复调整,其关键工序为对比首次数据,对复测数据进行适算。此步骤工序流程如图 3.1.5—1 所示。

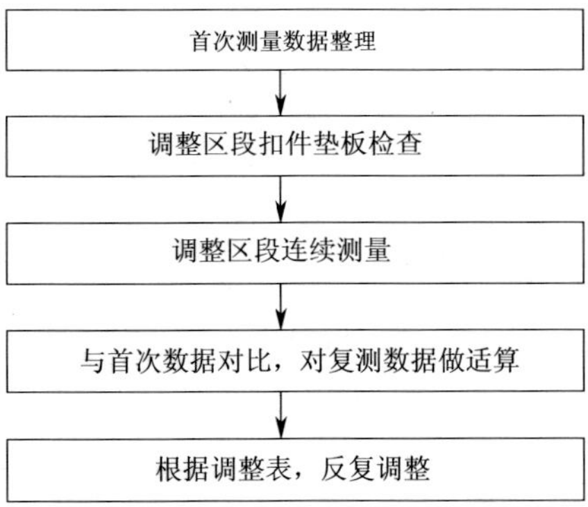

图 3.1.5—1　轨道复测工序

3.1.5.1　易发问题

1　第一次调整记录虽已整理备案,但在复测时,未对第一次数据进行复核。

2　对调整区段的扣件、垫板未进行细致检查,未全面确认安装是否正确,扣压力达不到设计标准。

3.1.5.2　管理要点

1　应注意把第一次调整记录整理备案,以便复测时复核。

2　设站误差和第一次测量时一样,但应注意两次测量设站位置要错开。

3　应采用轨检小车对调整区段轨枕进行连续测量。

4 应与第一次测量数据进行对比，对复测数据进行适算分析，不满足精度要求的地段应重新调整，形成最终的“轨道静态调整量表”和“调整件使用情况详表”，并备案。

5 按照复测调整表，通过对现场再次标示，按照轨道调整要求，完成局部钢轨的再修正，通过反复测量调整，最终使轨道平顺性满足设计要求，进入动态调整阶段。

3.2 动态精调

联调联试期间，根据轨道动态检测报告和分析检测波形图，对影响行车安全和旅客舒适度的局部或区段，通过运用轨检小车，塞尺，弦线等工具对轨道进行测量评价，确定调整位置和调整量，对钢轨进行调整，对轨道线型进一步优化，使轮轨关系匹配良好，进一步提高高速行车条件下的安全性、平稳性和乘座舒适度。目前主要的动态检测手段：低速（≯160 km/h）轨道检测车、高速（250～350 km/h）轨道检测车、高速轨道动力学检测车、动态车载式添乘检测仪。

动态精调步骤有分析检测资料、编制检查计划、现场检查、核实、制定调整方案、现场调整、复检。

3.2.1 分析轨道状态检测资料

一般来说，轨道动态调整，主要是根据对波形图的分析，借助波形图信息（特征点）来准确定位病害的实际里程。分析复核一般有三种方法。

1 直接复核法。就是根据轨道状态波形图和二、三级偏差里程，直接在现场复核。

这种方法适用于现场病害明显，超限项目单一的偏差。现场常用的就是这种方法。但动检车、轨检车偏差里程是有误差的，具体误差多少要根据波形图反算方可准确定位。如偏差原因复杂，现场病害不明显，或是病害出现在道岔群或曲线上，无法直接判断时，则很难及时找准、找对病因。

2 特征点复核法。是读图中最重要、最实用的一种方法。一般来说，现场特征点有：道岔、道口、桥梁（钢梁桥）、轨距拉杆、曲线（*ZH*、

HY、*YH*、*HZ* 点）等。轨检车、动检车在检测中会扫描到两钢轨间导电的金属物，并且在波形上会留下特征印记。如图 3.2.1—1 所示。

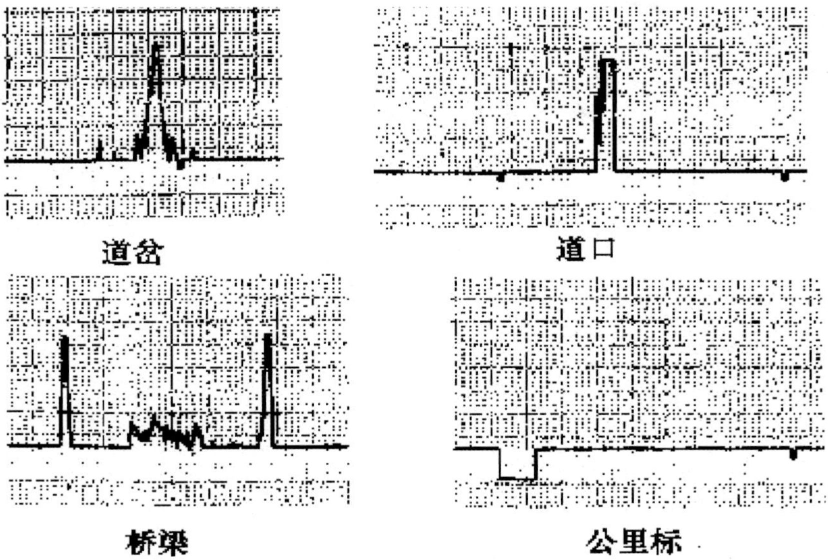

图 3.2.1—1 地面标志波形图

以上四种地面标志，道岔、道口、桥梁都是现场实际位置，公里标是每隔 1 公里系统自动打上去的，不一定准确。此外，另外一个重要曲线特征点，包括 *ZH*、*HY*、*YH*、*HZ* 点的位置也是现场的实际位置。

3 参照复核法。通常用在区间无特征点的线路上，就是在现场复核病害时，先找到病害明显的、较大的、比较容易确定的病害点，在波形图上根据病害点之间的相对位置，在地面上查找其他病害。应用这种方法时，现场至少有≥1 处的明显病害可以很容易找到，才能根据此处病害推算到其他处病害准确里程。如现场无明显病害，此方法则无效。

3.2.1.1 易发问题

1 检测资料分析不够细致。

2 病害位置不能确定或确定位置存在偏差。

3 对复合偏差分析不到位，过于片面，存在只消除一种偏差，不能全部整改到位现象。

3.2.1.2　管理要点

1　应详细了解动态检测内容及各项指标。主要包括轨道状态检查及动力学性能检查两个方面，轨道状态包括轨距、水平、三角坑、高低、轨向、横加及变化率、垂加、轨距变化率、曲率变化率等；动力学性能包括轮轴横向力、脱轨系数、轮重减载率、横向稳定性、垂向稳定性。

轨道动态调整标准：轨道动态检测无Ⅰ级及以上偏差；轨道动力学检测无超标处所；低速轨检 *TQI* 值 3.6 以内（武广：3.6、部检测标准 5.0）；轨道动态检测波形平顺，无突变、无周期性多波不平顺；无明显晃车处所。

检测标准：正线采用 300 km/h≤v≤350 km/h 动态管理标准进行检测。见表 3.2.1—1。

表 3.2.1—1　轨道动态管理标准

<table>
<tr><td colspan="2" rowspan="2">项　目</td><td colspan="4">300 km/h≤v≤350 km/h</td></tr>
<tr><td>Ⅰ级</td><td>Ⅱ级</td><td>Ⅲ级</td><td>Ⅳ级</td></tr>
<tr><td colspan="2" rowspan="2">轨距(mm)</td><td>+4</td><td>+6</td><td>+7</td><td>+8</td></tr>
<tr><td>−3</td><td>−4</td><td>−5</td><td>−6</td></tr>
<tr><td colspan="2">水平(mm)</td><td>5</td><td>6</td><td>7</td><td>8</td></tr>
<tr><td colspan="2">三角坑(基长 2.5 m)(mm)</td><td>4</td><td>6</td><td>7</td><td>8</td></tr>
<tr><td>高低(mm)</td><td rowspan="2">波长 1.5～42 m</td><td>5</td><td>8</td><td>10</td><td>11</td></tr>
<tr><td>轨向(mm)</td><td>4</td><td>5</td><td>6</td><td>7</td></tr>
<tr><td>高低(mm)</td><td rowspan="2">波长 1.5～70 m</td><td>7</td><td>9</td><td>12</td><td>15</td></tr>
<tr><td>轨向(mm)</td><td>6</td><td>8</td><td>10</td><td>12</td></tr>
<tr><td colspan="2">车体垂向加速度(m/s^2)</td><td>1.0</td><td>1.5</td><td>2.0</td><td>2.5</td></tr>
<tr><td colspan="2">车体横向加速度(m/s^2)</td><td>0.6</td><td>0.9</td><td>1.5</td><td>2.0</td></tr>
<tr><td colspan="2">轨距变化率(基长 2.5 m)(‰)</td><td></td><td></td><td></td><td></td></tr>
<tr><td colspan="2">曲率变化率(基长 18 m)($1/m/m\times10^{-6}$)</td><td></td><td></td><td></td><td></td></tr>
<tr><td colspan="2">横向加速度变化率(基长 18 m)(m/s^3)</td><td></td><td></td><td></td><td></td></tr>
</table>

注：①高低和轨向偏差为计算零线到波峰的幅值。

②水平限值不包含曲线按规定设置的超高值及超高顺坡量。

③三角坑限值包含缓和曲线超高顺坡造成的扭曲量。

④车体垂向加速度用用 20 Hz 低通滤波，车体横向加速度采用 10 Hz 低通滤波；加速度等速检测速度就在 v_{max} ±10%范围内。

⑤避免出现连续多波不平顺和轨向、水平逆向复合不平顺。见表 3.2.1—2 和表 3.2.1—3。

表 3.2.1—2 轮轨动力学检测标准

检测项目	评价标准
轮轴横向力(kN)	48.03
脱轨系数 Q/P	0.80
轮轴减载率 $\Delta P/P$	0.80(双峰)
横向平稳性	优：≤2.5；良好：2.5～2.75；合格：2.75～3.0
垂向平稳性	优：≤2.5；良好：2.5～2.75；合格：2.75～3.0

表 3.2.1—3 轨道动态管理及验收标准

<table>
<tr><td colspan="2" rowspan="2">超限级别
项目</td><td colspan="2">Ⅰ级</td><td colspan="2">Ⅱ级</td></tr>
<tr><td>动态管理</td><td>动态验收</td><td>动态管理</td><td>动态验收</td></tr>
<tr><td colspan="2">轨距(mm)</td><td>4，−3</td><td>3，−2</td><td>6，−4</td><td>4，−3</td></tr>
<tr><td colspan="2">水平(mm)</td><td>5</td><td>3</td><td>6</td><td>5</td></tr>
<tr><td colspan="2">三角坑(基长 2.5 m)(mm)</td><td>4</td><td>3</td><td>6</td><td>4</td></tr>
<tr><td>高低(mm)</td><td rowspan="2">波长 1.5～42 m</td><td>5</td><td>3</td><td>8</td><td>5</td></tr>
<tr><td>轨向(mm)</td><td>4</td><td>3</td><td>5</td><td>5</td></tr>
<tr><td>高低(mm)</td><td rowspan="2">波长 1.5～70 m</td><td>7</td><td>5</td><td>9</td><td>6</td></tr>
<tr><td>轨向(mm)</td><td>6</td><td>5</td><td>8</td><td>6</td></tr>
<tr><td colspan="2">车体垂向加速度(m/s^2)</td><td>1</td><td>1</td><td>1.5</td><td>1</td></tr>
<tr><td colspan="2">车体横向加速度(m/s^2)</td><td>0.6</td><td>0.6</td><td>0.9</td><td>0.6</td></tr>
<tr><td colspan="2">轨距变化率(基长 2.5m)(‰)</td><td>/</td><td>0.8</td><td>/</td><td>1</td></tr>
<tr><td colspan="2">曲率变化率(基长 18 m)($1/m/m\times10^{-6}$)</td><td>/</td><td>1</td><td>/</td><td>1</td></tr>
<tr><td colspan="2">横向加速度变化率(基长 18 m)(m/s^3)</td><td>/</td><td>0.8</td><td>/</td><td>0.8</td></tr>
</table>

2 应认真分析轨道检测车检测报告，内容包括：轨道Ⅰ级～Ⅳ级

超限表、公里小结表、区段总结表、TQI 等。

3　应细致分析轨道检测波形图。首先应根据轨道Ⅰ级～Ⅳ级超限报告表在波形图中确定准确里程范围，然后分析长波不平顺、波形突变点、连续多波不平顺及轨向、水平逆向复合不平顺等。并重点做好以下分析。

(1)根据轨道Ⅰ级～Ⅳ级超限报告表，在波形图中确定准确里程范围，用于现场查找和检查核对。

(2)长波不平顺(含临界Ⅰ级超限)。

(3)波形突变点(含临界Ⅰ级超限)。

(4)连续多波不平顺(含临界Ⅰ级超限)。

(5)轨向、水平逆向复合不平顺(含临界Ⅰ级超限)。

4　分析轨道动力学检测报告

(1)检测和评价标准见表 3.2.1—4。

表 3.2.1—4　轨道动力学评价标准

检测项目	评价标准
轮轴横向力(KN)	48.03
脱轨系数	0.80
轮重减载率	0.80(双峰)
横向平稳性	优:≤2.5;良好:2.5～2.75;合格:2.75～3.0
垂向平稳性	优:≤2.5;良好:2.5～2.75;合格:2.75～3.0

(2)分析检测报告

应重点分析力学指标超限处所分布情况，是否与轨道检测的不平顺信息之间存在相互关系，是否与前阶段检测重复出现等。

5　分析动态车载添乘仪报警数据

应重点分析添乘仪报警数据(地点、峰值、类型)与轨道检测波形图中的不平顺信息之间的相互关系。

6　分析明显感觉晃车处所

重点分析明显感觉晃车处所与轨道检测波形图中的不平顺信息之间的相互关系。如图 3.2.1—2～图 3.2.1—5。

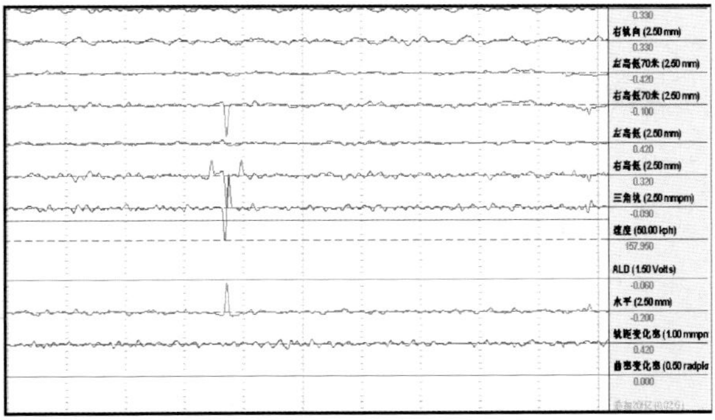

图 3.2.1—2 三角坑(波形突变点)

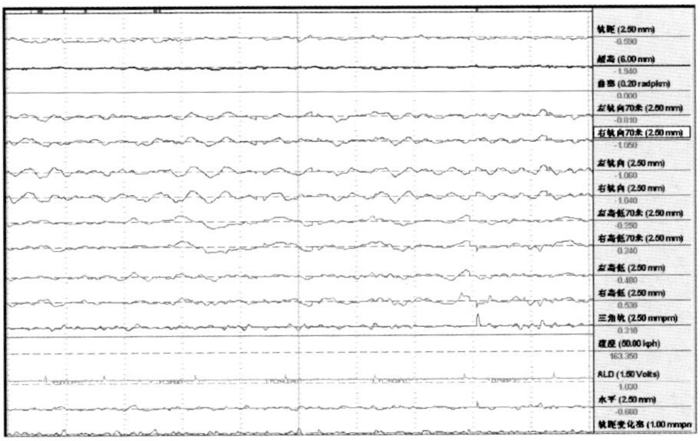

图 3.2.1—3 区段整体不平顺

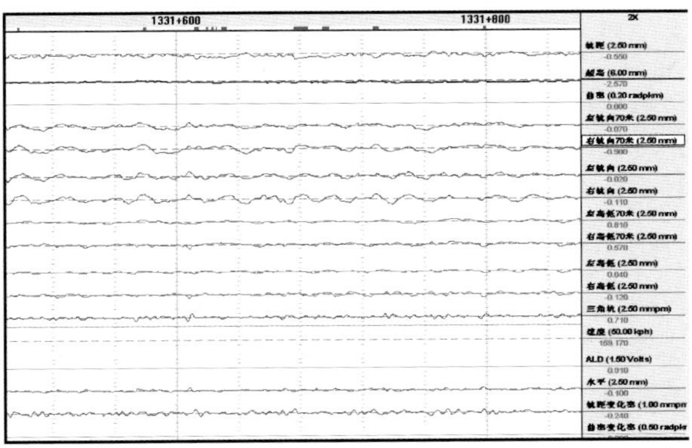

图 3.2.1—4 轨向连续多波不平顺

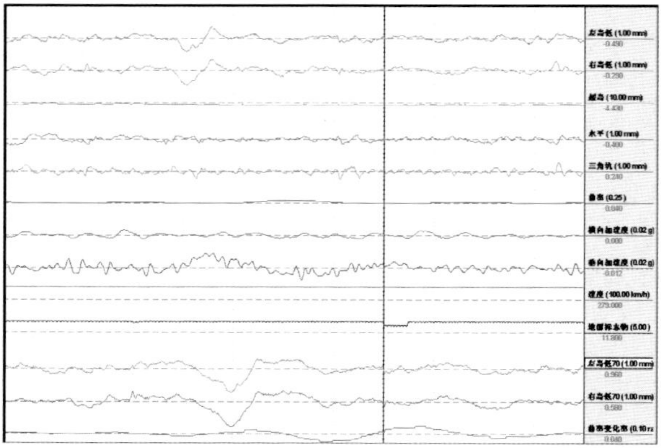

图 3.2.1—5　高低长波不平顺

3.2.2　编制调整计划

3.2.2.1　易发问题

1　未按照要求将复核检查计划上报调度中心

2　反复出现同一偏差，不能及时解决。

3.2.2.2　管理要点

1　应根据从检测波形图屏幕上显示的里程、变化幅值，将其分类统计(应注意对应现场实际里程)，并根据据超限点位分布情况，编制轨道复核检查计划。

2　应将轨道复核检查计划上报至统一的调度中心，根据调度批复的时间、线别进行上线检查作业，确保施工作业及行车安全。

3.2.3　现场检查、核实

3.2.3.1　易发问题

1　检测报告中超限部位对应的实际里程及超限长度与实际复核检测结果存在差异。

2　更换部位未与静态调整表中数据进行复核。

3.2.3.2　管理问题

1　对局部短波不平顺(波长 1～10 m)的处理，应根据检测报告中超限部位对应实际里程及超限长度，实际复核检测时向两侧延伸至少 15 m，直至找到缺陷为止，以确保轨道整体的平顺性。

进入现场指定位置后，应用塞尺、内燃电动扳手、1 m 直钢尺等对轨道扣件的扣压力、扣件与挡块、钢轨与垫板、挡块根轨枕间等缝隙、轨头焊接质量再次进行逐个检查，同时还应根据静态调整数据表复核更换部位的准确性，待均满足要求后，方可进行轨道状态检查核实工作。

2 对长波不平顺(波长 70 m)的处理，从动检车检测报告和动检车检测波形图中分析找出长波不顺处，现场采用轨道小车在波峰/谷里程前后各 300 m 范围内进行测量，找出轨道不平顺缺陷点，分析问题原因，按照模拟适算表，进行调整，以达到设计规范要求。

3 对连续短波不平顺的处理，应根据轨道检测车波形图分析结果，轨向、高低存在的连续短波不平顺(波幅 1.5～4 mm，波长 6～9 m)，可采用轨道小车测量，亦可采用人工拉弦线的方法进行测量。

3.2.4 制定计划

3.2.4.1 易发问题

动态检测超限里程地点与现场实测不吻合。

3.2.4.2 管理要点

1 局部短波不平顺应根据现场检查、测量情况，立即制定调整方案，形成调整量表。

2 长波不平顺调整量，应根据轨道小车测量情况，对轨道超限指标进行调整，并对线型进行合理优化后形成调整量计算表，其程序及要求与轨道静态调整相同。

3 连续短波不平顺应根据试算表中的图形，逐步将其调整至合格范围之内。

3.2.5 现场调整

3.2.5.1 易发问题

1 未按施工计划进行施工。

2 未对调整位置进行仔细核对，现场调整存在误差。

3.2.5.2 管理要点

1 严格执行“行车不施工、施工不行车”的原则及登消记制度，按照计划批复进行施工。

2 根据试算表中确定的调整方案，对相应位置进行调整，调整完毕后，回收替换的调整件，并对新更换的调整件，扣件，钢轨等进行严格检查，确认安装符合要求。

3　对轨道调整的位置，调整数量、类型应做好详细的记录，以利于后期核对、调整。

3.2.6　轨道复检

3.2.6.1　易发问题

静态检测与动态检测结果不一致。

3.2.6.2　管理要点

1　轨道动态调整完成后应立即用轨检小车对调整后的轨道状态进行一次全面的复核检测，并将测试结果与试算表中的数据进行对比分析，取得相关调整经验参数。

2　轨道动态调整完成后，经轨检车及动车组的多次运行后，宜对轨道状态进行再次复核检测，并与动态调整后的数据进行对比，以得到轨道状态变化的趋势。

4 行为管理

项目管理机构是工序作业过程的管理和督导主体；监理单位受项目管理机构委托，负责对工序的事前、事中及事后的控制、检查和工序结束后的中间验收，是项目管理机构管理的延伸；施工单位是关键工序管理的行为主体，负责组织实施工序作业，是工序作业安全、质量的直接责任人。对 CRTSⅡ型板式无砟轨道精调施工工序实行“五定、三统一、一负责”行为管理，突出主要领导负责制和检查确认制度，通过项目管理机构落实统一部署、实行统一记录、组织统一分析，定人、定期、定岗、定责、定点实施检查，促进闭环管理。

4.1 项目管理机构

4.1.1 主要领导

1 正式施工后，每月对关键工序至少抽查一次，对一般工序每两月至少抽查一次。

2 定期组织召开无砟轨道精调施工协调会，对施工过程中的重大问题进行协调。

4.1.2 分管领导

1 开工前应组织对各施工单位的轨道精调施工方案进行审查，组织对监理单位的专项监理方案进行审查，组织相关人员对施工单位进场人员、设备到位情况进行检查。

2 每半月应对关键工序至少抽查一次，对一般工序每月至少抽查一次。

3 每月应组织召开一次轨道精调施工协调会。

4.1.3 工程、安质部长

1 开工前，负责对各施工单位的轨道精调施工方案进行审查和对监理单位的专项监理方案进行审查，负责对施工单位进场人员、设备到位情况进行检查。

2 每周应对关键工序至少抽查一次,对一般工序每半月至少抽查一次。

4.1.4 主管工程师

1 开工前,参加对各施工单位的轨道精调施工方案进行审查和对监理单位的专项监理方案进行审查,参加对施工单位进场人员、设备到位情况进行检查。

2 每周应对关键工序至少检查两次;对一般工序每半月至少抽查一次。

4.2 监理单位

4.2.1 总监理工程师(副)

1 开工前,负责组织编制监理单位的专项监理方案,负责对各施工单位的轨道精调施工方案进行初步审查,参加项目管理机构对施工方案的审查,负责对施工单位进场人员、设备到位情况进行检查。

2 每半月对关键工序至少抽查一次;对一般工序每月至少抽查一次。

3 每月应参加一次轨道精调施工协调会;

4.2.2 专业监理工程师

1 开工前,负责编制监理单位的专项监理方案,参加对各施工单位的轨道精调施工方案的初步审查,参加项目管理机构对施工方案的审查,参加对施工单位进场人员、设备到位情况的检查。

2 每两天对关键工序至少抽查一次;对一般工序每周至少抽查一次;

4.2.3 监理人员

对各工序进行旁站,并进行检查确认、复核,形成记录。

4.3 施工单位

4.3.1 主要领导

1 开工前,参加项目管理机构组织的轨道精调施工方案审查。

2 每月应参加一次项目管理机构组织的轨道精调施工协调会。

3 每半月至少全面检查1次。

4.3.2 分管领导

1 开工前,负责审核本单位编制的轨道精调施工方案,参加项目管理机构组织的对各本单位的方案的审查,参加项目管理机构组织的对本单位进场人员、设备到位情况的检查。

2 参加监理单位组织的每一次施工协调会。

3 每周至少全面检查1次。

4.3.3 工程、安质部长

1 开工前,负责编制本单位轨道精调施工方案,参加项目管理机构组织的对各本单位施工方案的审查,参加项目管理机构组织的对本单位进场人员、设备到位情况的检查。

2 参加监理单位组织的每一次施工协调会。

3 每周至少全面检查1次。

4.3.4 主管工程师

1 开工前,参加编制本单位轨道精调施工方案,参加项目管理机构组织的对各本单位施工方案的审查,参加项目管理机构组织的对本单位进场人员、设备到位情况的检查。

2 参加监控单位组织的每一次施工协调会。

3 每天至少全面检查1次,进行复核、检查、确认,并形成记录。

4.3.5 架子队长/架子队技术负责人/专职安全/质量员

每天至少全面检查1次,进行复核、检查、确认,并形成记录。

5 工序签认表

为规范对工序质量控制点、关键点的检查，明确项目管理机构和施工、监理单位各级管理、技术人员的责任，强化各工序质量安全的过程控制，确保施工工序管理的可追溯性。对无砟轨道精调施工工序管理实行检查签认制度，各级管理、技术人员要根据行为管理的具体要求，按规定频次对各关键工序进行检查检查、签认。监理单位应建立专门台账，每月对工序签认表进行一次收集、整理，工程结束后移交项目管理机构安质部。

1 无砟轨道轨道静态精调施工关键工序控制签认表（轨排组装）见表5—1

2 无砟轨道轨道静态精调施工关键工序控制签认表（CPⅢ网复测）见表5—2

3 无砟轨道轨道静态精调施工关键工序控制签认表（承轨台标记）见表5—3

4 无砟轨道轨道静态精调施工关键工序控制签认表（全站仪设站）见表5—4—1

5 无砟轨道轨道静态精调施工关键工序控制签认表（精调测量）见表5—4—2

6 无砟轨道轨道精静态调施工关键工序控制签认表（数据分析处理）见表5—5

7 无砟轨道轨道静态精调施工关键工序控制签认表（现场标示）见表5—6—1

8 无砟轨道轨道静态精调施工关键工序控制签认表（轨道调整）见表5—6—2

9 无砟轨道轨道静态精调施工关键工序控制签认表（轨道复测）见表5—7

10 无砟轨道轨道动态精调施工关键工序控制签认表（现场调整）见表5—8

表 5—1 ______工程无砟轨道轨道静态精调轨排组装施工工序控制签认表

施工单位：　　　　架子队：　　　　里程：

<table>
<tr><th rowspan="2">序号</th><th rowspan="2">工序</th><th rowspan="2">控制要点</th><th rowspan="2">检查结果</th><th colspan="3">架子队人员</th><th rowspan="2">监理人员</th><th rowspan="2">日期</th><th rowspan="2">备注</th></tr>
<tr><th>安全/质量员</th><th>技术负责人</th><th>架子队长</th></tr>
<tr><td>1</td><td rowspan="6">轨排组装</td><td>钢轨</td><td></td><td></td><td></td><td></td><td></td><td></td><td></td></tr>
<tr><td>2</td><td>扣件</td><td></td><td></td><td></td><td></td><td></td><td></td><td></td></tr>
<tr><td>3</td><td>垫板</td><td></td><td></td><td></td><td></td><td></td><td></td><td></td></tr>
<tr><td>4</td><td>焊缝平顺性</td><td></td><td></td><td></td><td></td><td></td><td></td><td></td></tr>
<tr><td></td><td></td><td></td><td></td><td></td><td></td><td></td><td></td><td></td></tr>
<tr><td></td><td></td><td></td><td></td><td></td><td></td><td></td><td></td><td></td></tr>
<tr><td colspan="2">施工单位</td><td colspan="8">检查人：　　　　日期：</td></tr>
<tr><td colspan="2">监理单位</td><td colspan="8">检查人：　　　　日期：</td></tr>
<tr><td colspan="2">项目管理机构</td><td colspan="8">检查人：　　　　日期：</td></tr>
</table>

表 5—2　______工程无砟轨道轨道静态精调 CPⅢ网复测施工工序控制签认表

施工单位：　　　　架子队：　　　　里程：

序号	工序	控制要点	检查结果	架子队人员			监理人员	日期	备注
				安全/质量员	技术负责人	架子队长			
1	CPⅢ网复测	CPⅢ控制点检查及安装							
2		CPⅢ控制点进行统一编号							
3		预埋件检查							
施工单位		检查人：				日期：			
监理单位		检查人：				日期：			
项目管理机构		检查人：				日期：			

表 5—3 ______工程无砟轨道轨道静态精调承轨台标记施工工序控制签认表

施工单位： 架子队： 里程：

<table>
<tr><th rowspan="2">序号</th><th rowspan="2">工序</th><th rowspan="2">控制要点</th><th rowspan="2">检查结果</th><th colspan="3">架子队人员</th><th rowspan="2">监理人员</th><th rowspan="2">日期</th><th rowspan="2">备注</th></tr>
<tr><th>安全/质量员</th><th>技术负责人</th><th>架子队长</th></tr>
<tr><td>1</td><td rowspan="6">承轨台标记</td><td>承轨台编号标记</td><td></td><td></td><td></td><td></td><td></td><td></td><td></td></tr>
<tr><td>2</td><td>承轨台标示</td><td></td><td></td><td></td><td></td><td></td><td></td><td></td></tr>
<tr><td></td><td></td><td></td><td></td><td></td><td></td><td></td><td></td><td></td></tr>
<tr><td></td><td></td><td></td><td></td><td></td><td></td><td></td><td></td><td></td></tr>
<tr><td></td><td></td><td></td><td></td><td></td><td></td><td></td><td></td><td></td></tr>
<tr><td></td><td></td><td></td><td></td><td></td><td></td><td></td><td></td><td></td></tr>
<tr><td colspan="2">施工单位</td><td colspan="8">检查人： 日期：</td></tr>
<tr><td colspan="2">监理单位</td><td colspan="8">检查人： 日期：</td></tr>
<tr><td colspan="2">项目管理机构</td><td colspan="8">检查人： 日期：</td></tr>
</table>

表 5—4—1　______工程无砟轨道轨道静态精调全站仪设站施工工序控制签认表

施工单位：　　　　　　　架子队：　　　　　　　里程：

序号	工序	控制要点	检查结果	架子队人员			监理人员	日期	备注
				安全/质量员	技术负责人	架子队长			
1	全站仪设站	全站仪校核							
2		全站仪在轨道上设站点情况							
3		全站仪设站误差的控制							
施工单位	检查人：　　　　日期：								
监理单位	检查人：　　　　日期：								
项目管理机构	检查人：　　　　日期：								

表 5—4—2 ______工程无砟轨道轨道静态精调测量施工工序控制签认表

施工单位：　　　　架子队：　　　　里程：

序号	工序	控制要点	检查结果	架子队人员			监理人员	日期	备注
				安全/质量员	技术负责人	架子队长			
1	精调测量	测量设备校核							
2		全站仪架设							
3		全站仪与轨检小车连接							
4		数据输入复核							
施工单位	检查人：					日期：			
监理单位	检查人：					日期：			
项目管理机构	检查人：					日期：			

表 5—5　______工程无砟轨道轨道静态精调数据分析处理施工工序控制签认表

施工单位：　　　　　　架子队：　　　　　　里程：

<table>
<tr><th rowspan="2">序号</th><th rowspan="2">工序</th><th rowspan="2">控制要点</th><th rowspan="2">检查结果</th><th colspan="3">架子队人员</th><th rowspan="2">监理人员</th><th rowspan="2">日期</th><th rowspan="2">备注</th></tr>
<tr><th>安全/质量员</th><th>技术负责人</th><th>架子队长</th></tr>
<tr><td>1</td><td rowspan="6">数据分析处理</td><td>突变点和测量换站点的处理</td><td></td><td></td><td></td><td></td><td></td><td></td><td></td></tr>
<tr><td>2</td><td>适算调整</td><td></td><td></td><td></td><td></td><td></td><td></td><td></td></tr>
<tr><td>3</td><td>基本轨和非基本轨的调整</td><td></td><td></td><td></td><td></td><td></td><td></td><td></td></tr>
<tr><td>4</td><td>适算数据分析</td><td></td><td></td><td></td><td></td><td></td><td></td><td></td></tr>
<tr><td></td><td></td><td></td><td></td><td></td><td></td><td></td><td></td><td></td></tr>
<tr><td></td><td></td><td></td><td></td><td></td><td></td><td></td><td></td><td></td></tr>
<tr><td colspan="2">施工单位</td><td colspan="8">检查人：　　　　　　日期：</td></tr>
<tr><td colspan="2">监理单位</td><td colspan="8">检查人：　　　　　　日期：</td></tr>
<tr><td colspan="2">项目管理机构</td><td colspan="8">检查人：　　　　　　日期：</td></tr>
</table>

表 5—6—1 ______工程无砟轨道轨道静态精调现场标示施工工序控制签认表

施工单位：　　　　架子队：　　　　里程：

序号	工序	控制要点	检查结果	架子队人员			监理人员	日期	备注
				安全/质量员	技术负责人	架子队长			
1	现场标示	进场材料规格和数量							
2		现场位置是否与资料相符							
3		精调数据标识是否明白清晰							
施工单位	检查人：　　日期：								
监理单位	检查人：　　日期：								
项目管理机构	检查人：　　日期：								

表 5—6—2　______工程无砟轨道轨道静态精调轨道调整施工工序控制签认表

施工单位：　　　　架子队：　　　　里程：

序号	工序	控制要点	检查结果	架子队人员			监理人员	日期	备注
				安全/质量员	技术负责人	架子队长			
1	现场标示及轨道调整	道尺复核是否完成							
2		扣件连续松开数量							
3		调整件摆放是否正确							
4		挡块垫板安装复核							
5		扣件是否按规定扭力上紧、复核							
6		清理轨面、换下标准件整理							
施工单位		检查人：　　日期：							
监理单位		检查人：　　日期：							
项目管理机构		检查人：　　日期：							

表 5—7 ______工程无砟轨道轨道静态精调轨道复测施工工序控制签认表

施工单位：　　　　　　　　　　架子队：　　　　　　　　　　里程：

<table>
<tr><th rowspan="2">序号</th><th rowspan="2">工序</th><th rowspan="2">控制要点</th><th rowspan="2">检查结果</th><th colspan="3">架子队人员</th><th rowspan="2">监理人员</th><th rowspan="2">日期</th><th rowspan="2">备注</th></tr>
<tr><th>安全/质量员</th><th>技术负责人</th><th>架子队长</th></tr>
<tr><td>1</td><td rowspan="6">轨道复测</td><td>首次测量数据整理</td><td></td><td></td><td></td><td></td><td></td><td></td><td></td></tr>
<tr><td>2</td><td>两次测量设站位置是否错开</td><td></td><td></td><td></td><td></td><td></td><td></td><td></td></tr>
<tr><td>3</td><td>两次测量数据对比情况</td><td></td><td></td><td></td><td></td><td></td><td></td><td></td></tr>
<tr><td>4</td><td>复测数据适算分析情况</td><td></td><td></td><td></td><td></td><td></td><td></td><td></td></tr>
<tr><td>5</td><td>调整区段的扣件、垫板安装检查情况</td><td></td><td></td><td></td><td></td><td></td><td></td><td></td></tr>
<tr><td>6</td><td>扣压力是否达到设计标准</td><td></td><td></td><td></td><td></td><td></td><td></td><td></td></tr>
<tr><td colspan="2">施工单位</td><td colspan="8">检查人：　　　　　　　　　　日期：</td></tr>
<tr><td colspan="2">监理单位</td><td colspan="8">检查人：　　　　　　　　　　日期：</td></tr>
<tr><td colspan="2">项目管理机构</td><td colspan="8">检查人：　　　　　　　　　　日期：</td></tr>
</table>

表 5—8 ______工程无砟轨道轨道动态精调现场调整施工工序控制签认表

施工单位： 架子队： 里程：

序号	工序	控制要点	检查结果	架子队人员			监理人员	日期	备注
				安全/质量员	技术负责人	架子队长			
1	现场调整	是否按施工计划进行施工							
2		是否对调整位置进行核对							
3		调整件，扣件，钢轨等是否符合安装要求							
4		调整记录是否齐全							
5		清理轨面、换下的标准件整理							
施工单位		检查人：					日期：		
监理单位		检查人：					日期：		
项目管理机构		检查人：					日期：		

参 考 文 献

［1］ 高速铁路无砟轨道工程施工精调作业指南(铁建设函〔2009〕674 号)

［2］ 客运专线无砟轨道铁路工程施工质量验收暂行标准(铁建设〔2009〕85 号)

［3］ 铁路轨道工程施工安全技术规程(TB 10305—2009)

［4］ 高速铁路 CRTSⅡ型板式无砟轨道施工质量验收斩行(铁建设〔2008〕218 号)

［5］ 客运专线铁路无砟轨道充填层施工质量验收补充标准(铁建设〔2009〕90 号)

［6］ 客运专线铁路 CRTSⅡ型板式无砟轨道滑动层暂行技术条件(科技基〔2009〕88 号)

［7］ 客运专线铁路 CRTSⅡ型板式无砟轨道水泥乳化沥青砂浆暂行技术条件(科技基〔2008〕74 号)